論理的思考力が飛躍的に高まる

大人の「読む力」

対崎正宏

日本実業出版社

はじめに

あなたの脳内の言葉を動かしているのは、あなた自身です。**あなたの思考の力とは、あなたが言葉を扱う力です。**単に、知識、言葉の数を増やすだけでは、深い思考はできません。論理的に、多様に扱えなければいけない。

あなたは、論理的に、多様に、深く、思考できていますか？

まずは力試しをしてみましょう。次の文章は、日本経済新聞・朝刊一面の「春秋」（二〇一八年三月一二日）からのものです。

日本初の八時間労働制は、一九一九年（大正八年）、神戸の川崎造船所という会社で生まれたとされる。美術品の収集家としても知られる当時の社長の松方幸次郎が、大規模な労働争議を終結させるために、それまでの一日十時間労働を賃金は変えずに八時間に改めた。

▼従業員たちは歓呼《かんこ》した。引き続き十時間働けば残業代が別にもらえたからだ。

「従業員たちは歓呼（喜んで声をあげること）した」とあります。

なぜ「歓呼した」のでしょう？

「それまでの一日十時間労働を賃金は変えずに八時間に改めたから」と答える人と、「引き続き十時間働けば残業代が別にもらえたから」と答える人と分かれるでしょうか。

それなら、この二つの違いは？

書き手は、どうしてこういう書き方をしているのでしょう。

え？　そんなことは、書き手に聞いてみないと、わからない？

いえ、いえ、読めば、わかります。書き方を見れば、わかります。

論理的な文章は、書き手の論理的な思考が、目に見える形になったものです。

だから、論理的に読む力を持っていれば、論理的な言葉の扱い方を知っていれば、書き手に聞かなくとも、わかるのです（日本経済新聞「春秋」については、第三章で、論理的に、詳細に解説します）。

ところで、現在は「ＡＩ（人工知能）時代」といわれ、ＡＩによって世の中がどう変わるかなどが話題になっていますが、さきほどの質問に、ＡＩは答えられるのでしょうか？

ＡＩは、一定の枠内での記憶や予測で、人間を凌駕《りょうが》します。しかし、そこに思考は働いていません。ＡＩは、一定の枠内で規則的な計算をしているだけです。

日本経済新聞「春秋」の質問に、ＡＩは答えることができません。**論理的に深く多様に読む力は、論理的に深く多様に思考する力であり、人間だけが持つ力です。**

「人間は一本の葦《あし》にすぎない。自然のうちで最もか弱いもの、しかしそれは考える葦だ」

これは、パスカルの「パンセ」の中の言葉です（『パンセ』パスカル／塩川徹也訳／岩波書店）。

深く思考することができないＡＩは、疑問を持つこともなく、ひらめくこともありません。創造力もなければ、リーダーシップを発揮することもありません。

しかし、人間も、考えなかったらどうでしょう。

人間が、「考える葦」となれるのは、考えることによってのみです。考えなければ、「人間」は、「自然のうちで最もか弱い」「一本の葦」のままです。

「考える葦」になれない人間は、知らず知らずのうちに、一定の枠の中に置かれ、意思のないＡＩに意見を求め、指示されて働くしかなくなるでしょう。

人間の特性が「考える」ことで、思考が偉大な力であることは、パスカルの時代も今もこれからも、変わることはないのです。

思考は、言葉から成っています。思考は、言葉そのものです。思考の力とは、言葉を扱う力です。

論理的な思考をするということは、言葉を論理的に扱うということです。

言葉の扱い方の、わかったつもりは、言葉の力が十分には機能していない状態です。わかったつもりでは、論理的な思考の力が発揮されることはありません。

論理的に思考することができなければ、論理的に、読むことも、書くことも、話すことも、聞くこともできません。

自分勝手な想像や思いこみによる読み方は、目の前の文章を壊してしまう読み方です。それは、論理的な思考から、もっとも遠いものとなります。「論理的に読む力」は、構造を把握する力であり、問題点を見つけ出し、それを処理する力です。観察する力であり、説明する力、聞き取る力、まとめる力です。

本書は、論理的な読み方、言葉の扱い方を、目に見える形で示していきます。

第一章では、「『論理的に読む力』によって、論理的思考力が磨かれる」として、論理的に読み、考えるにあたってのスタンスを記します。

第二章では、「論理的に読むためには、『言葉の扱い方』を知ることから」として、使い慣れている言葉だからこそ、気づいていない、知らない、その扱い方の基本を、やさしく説明します。評論家の加藤周一、小林秀雄、思想家の柳宗悦《やなぎむねよし》、英文学者の由良君美《ゆらきみよし》、そして、小説家の川端康成の文章なども取り上げます。

第三章では、「『論理的な読み方』によって、正確な理解が可能になる」として、日本経済新聞の「春秋」を、客観的に、論理的に、その書き方も解説しながら、実践的に読み解きます。

第四章では、「『言葉の扱い方』を吟味すれば、難解な文章も読める」として、評論家の小林秀雄と、小説家の村上春樹さんの文章を取り上げます。

そうして最終の第五章では、「読む力で『コミュニケーション力』も磨かれる」として、本書のねらいの確認と、その効果を記します。

「論理的に読む」という行為は、自身の思考の力を磨く起点とも、基点ともなるものです。

論理的思考力が飛躍的に高まる　大人の「読む力」　目次

第二章　論理的に読むためには、「言葉の扱い方」を知ることから

第三章　「論理的な読み方」によって、正確な理解が可能になる

第四章　「言葉の扱い方」を吟味すれば、難解な文章も読める

第五章　読む力で「コミュニケーション力」も磨かれる

装　丁　杉山健太郎
DTP　ダーツ（田形初恵）

第一章

「論理的に読む力」によって、論理的思考力が磨かれる

AIが「論理的思考力」と「読む力」の重要性を再認識させた

「AI時代」を生き抜く手段の一つとして、プログラミング技術の習得がよくあげられますが、コンピュータ処理のためのプログラムには、厳密な制約があります。それがなければ、コンピュータは動きません。曖昧《あいまい》さとは無縁なのが、コンピュータであり、プログラミングです。

プログラムは、論理から成っています。論理的な思考力がなければ、プログラミングはできません。フローチャート（流れ図）を書くことすら、できないでしょう。

コンピュータのプログラミング言語と比べて、人間が日常で使う言葉は曖昧です。ほとんど制約もない。日常会話が成り立つのは、そのおかげでもあります。しかし、その曖昧さは、心しなければ自分自身が曖昧になるということです。自分の思考が曖昧になる。

日常使いする言葉には、自身で思考を磨こうとしなくなる、という大きな落とし穴があります。日常生活を送れればそれでいい、話が通じればそれで十分と、次元の高い言葉を求めなくなってしまう。

今、ＡＩが、私たちに言葉の重要性を再認識させています。それは、論理的な深い言葉の扱い方、論理的に深く読み、書き、考える力です。

データの記憶、その抽出は、ＡＩの得意とするところです。それにより、暗記学習、知識偏重の試験の時代は終わりました。

「ＡＩ時代」、私たちは、人間としての力を、ＡＩに試されているともいえるのです。

「AI時代」だからこそ、最も深く理解できる言葉で読む

幼児期に、周囲の人間から、ごく自然に習得した言葉を「母語」といいます。この母語には、大きな力があります。深く考えられる、という大きな力が。

外国語を学び、それによって思考の世界が広がるのは、大変意義のあることです。しかし、トラベル会話、日常会話の力で、論理的に深い思考をすることはできないのです。

論理的な思考の力を磨いていくには、なんといっても、論理的な内容の文章を読んでいくことです。それには、論理的な読み方を知らなければなりません。それにより、論理的な内容の理解が可能となります。

論理的な読み方を知るとは、論理的な書き方を知ることでもあります。それはまた、論理的な言葉の扱い方、論理的な考え方を知るということでもあります。

外国語でそれらのことを行っていくよりも、母語で行っていったほうが、はるかに楽なのは、誰の目にも明らかでしょう。

私たちは、外国語を学びながらも、母語で論理的に深く思考できる脳をつくっていくべきなのです。母語には、他のどの言語よりも論理的に深く思考できる素地があります。素地とは、下地であり、土台であり、基礎です。

母語で論理的に深く考えるということは、自分自身の脳を、自分自身を、活かすということです。自身の持っている力を十分に発揮できるのは、なによりも母語による思考なのです。

最も人間の思考の力が試され、それが必要とされる「ＡＩ時代」、まずは母語による論理的な深い読み方を身につけましょう。

それが、自身の論理的な思考力を磨いていく一番の近道であり、本道であるのです。

論理的な思考ができない人の五つの特徴

論理的な思考ができない人の特徴を五つあげてみます。

・木を見て森を見ず
・わかったつもりの思いこみ
・客観性を持たない世界観
・コミュニケーション力がなくて、自己主張ばかり
・答えだけを求めて、内容を軽視する

木を見て森を見ず

「木を見て森を見ず」とは、細かな点に注意がいきすぎて、全体をとらえないことをい

います。森は、一本の木から成っているわけではありません。ブナも生えていれば、ミズナラやコナラも生えています。論理的な思考とは、そういった一本一本の木を確かめ、その関係性もおさえたうえで、森全体を把握することをいいます。

全体の森を見ずに、一本のブナの木しか見ていないというのは、今自分の取り組んでいる仕事が、プロジェクトの完成のための、どの役割を担っているのか、明確には理解していないということです。そうすると、他の人との連携もうまくいかなくなります。なにしろ、個々が、最終的な一つの形をイメージできなければ、全体の完成は成りません。関係性です。この思考は、まさに論理なのです。

プロジェクトの内容、チームの編成、全体は部分から成っています。個の関係性と全体の理解、その視点がないのは、論理的な思考ができていない、ということなのです。これは、仕事の流れ、物事の展開、類推もできないということです。

わかったつもりの思いこみ

話を最後まで聞かずに、早合点する。自分勝手な解釈をする。理解したつもりになる。

このような、わかったつもりの思いこみをする人は、論理的に考えられていません。

わかったつもりの思いこみというのは、一面的な理解の場合もあります。

一面的な理解は、なかなか厄介《やっかい》なものです。なにしろ、本人がそれと気づかなければ、認めなければ、自分の理解こそが正しく、すべてであるかのように思いこんでしまう。

そのような人の多くは、自分の頭の中に、論理的なシステムが構築されていないことに気づいていません。伝える側は、それをまず理解しなければいけません。その理解なしに、ただやみくもに、なにかを伝えようとしても無駄です。そうして、そのなにかは、論理的に、多面的に、説明する必要があります。なにしろ、相手は、一面的な理解で、自分の考えがすべてで、正しいと思いこんでいる。理解の共通点を探り、別の角度から論理的に説明することによって、受け手側の目は開かれていきます。

一面的な理解というのは、ひょっとしたら、伝える側に問題あり、ということも考えられます。伝える側の内容の理解が実は不十分で、説明が下手だったり、傲慢《ごうまん》で、質問をする機会を与えなかったりと。

「わかったつもりの思いこみ」と「わからせたつもりの思いこみ」。実はその根を同じにしている場合がけっこう多いのです。ともに、論理的な思考が働いていない。

教えること、伝えることは、話すこと、書くことと通じ、また、それらは、読むこと、聞くことと通じ、論理的思考から成り立っているのです。

客観性を持たない世界観

経験ばかりを重視していると、主観が強く働き、論理的な思考からは遠のきます。ただ情に訴え、勢いで押していくことになります。

経験は、まったく個人的なものです。個の思考の力と直結します。何事かを経験しても、そこから論理的な深い思考ができなければ、世界観が広がることはありません。

そうしてつくりあげられる世界観は、当然のことながら、個の経験からのみの世界観になります。問題解決も、意味の完結も、個の経験からのみの世界でなされることになります。

客観的で、論理的な思考の力が必要である所以《ゆえん》です。

コミュニケーション力がなくて、自己主張ばかり

相手の言葉に耳を貸さない人、相手の話を自分勝手に解釈する人、自己主張ばかりする

人は、コミュニケーション力に問題ありで、論理的な思考力のない傾向にあります。

コミュニケーションにおいて、自分の考えを伝えることはもちろん大切なことですが、それも、他者の存在があってこそでしょう。他者の存在を認識できなければ、コミュニケーションは成り立ちません。

視野の広さ、大きな世界観とは、自己と異なる考え、その存在を、理解することでもあります。一面的な独《ひと》りよがりではない思考は、論理的な深い思考とも通じているのです。

答えだけを求めて、内容を軽視する

まず、回答を伝える。連絡、報告、コミュニケーションにおいても、それは大切なことです。回答をいわずに、相手側をやきもきさせては、信頼も得られません。

しかしながら、答えだけを求めて、内容にはまるで関心を持たない人がいます。

論理的というのは、答えに至るまでの筋道、内容をいいます。それを求めないというのは、その思考をしていないということです。

回答も、内容というプロセスを経て導かれることを知っている人は、答えまでの道筋にこそ価値があることをわかっています。

ここまで、論理的な思考ができない人の特徴を五つ、記してきましたが、実をいうと、これら五つの特徴は、すべて「読む力」のない人の特徴でもあります。

「木を見て森を見ず」も、「わかったつもりの思いこみ」も、「客観性を持たない世界観」も、独りよがりな主観的な読み方です。「コミュニケーション力がなくて、自己主張ばかり」するも、書き手という他者の言葉を受けとめるスタンスがないのです。内容の理解なしに、思いこみの解釈を、自己主張するわけです。「答えだけを求めて、内容を軽視する」というのも、本のお話の結末だけを読んで、あるいは、人から聞いて、後は興味を示さない。興味を示さないというのは、思考が停止しているということです。

思考の力は、読む力そのものなのです。

論理的に深く読める力を身につけるということは、まさに、論理的に深く思考する力を身につけるということなのです。

目の前にあるものが、すべての意味を表す

どんな書き手も、ある思い、考え、意図を持って書き記します。それは文字、文、文章という目に見える形になって示されます。

その形から、書き手のいいたいことを読み手は読み取るわけですが、もし、書き手がまったく意図していなかった内容を読み手が文章から読み取ったとしたら、それは書き手が書き損じをしているか、はたまた読み手が読み誤りをしているかのどちらかです。**示された文章がすべてだからです。**

行間の意味も、省略の意味も、記された文字、書き方から生じます。「本当はこういうことをいいたかったんだけど、伝わらなかったなあ」などと、書き手が後からいうのは彼の力不足です。その文章には足りないところ、まずいところ、つまり瑕疵《かし》があるのです。

目の前にある文章に瑕疵がないにもかかわらず、書き手のいいたいことを読み取れない、そこに書かれてもいないことを勝手に解釈する、というのは読み手の力不足です。また、文章に瑕疵があるのに、書き手も読み手もそれに気づかない、というのは両者ともに力量が不足しているわけです。

だから、文章に瑕疵がなければ、本当に読む力を持っている読み手は、わざわざ書き手本人に聞かなくとも、その内容を理解できる。もし文章に瑕疵があれば、それに気づくこともできる。場合によっては、書き手以上の考えをだすことだってできる。

かなり専門的な知識を要する文章を思い浮かべてくれてもいいでしょう。その内容を理解する力があるか、ないか。その文章に瑕疵があることに気づくことができるか、できないか。それは、まさに「読む力」なのです。

「読む力」とは、他者の言葉を客観的に理解する力

辞書を開いてもわかるように、言葉には意味の幅があります。文章において、その意味の幅を狭めたり、広げたりするのが書き方です。それをするのは書き手です。読み手ではありません。

言葉が集まった文章には、書き手独特の意味・内容が生まれています。それを、読み手は読み取るわけです。言葉はみな、最初、他者の言葉なのです。自身のものではない。「読む」とは、まず他者の言葉を受けとめる行為です。

書き方が変われば、意味・内容が変わります。文章は、書き手の言葉の扱い方の表れです。書き手の思考が、目に見える形になったものです。

文章を読む、理解しようとすることは、書き手という他者の存在を認識することであり、書き手という他者への敬意を持つことでもあります。

それが、「客観的」という読み方です。

主観を前面にだしての読み方、我流で読むしかないのは、その読み方しか知らないからです。主観による読み方は、他者への敬意も生まれにくいものです。だから、記されている文字を大切に見ない。

自分勝手な想像の読み方や、なんとなくの読み方は、脳の中で、言葉から言葉の、意味から意味の、連続性をつくっていない、つくれていないのです。だから、独りよがりな解釈にも、なんとなくの解釈にもなってしまう。

なんとなくの言葉の力は、なんとなくの思考の力にしかならないのです。

文章を読む際、深く思考する際に、まず意識すべきは、スタンスなのです。

客観的という読み方は、書かれている内容をただ鵜呑みにすることではありません。それでは、単に知識を得るため、受け売りをするための読み方になってしまう。読むとは、おもねることでも、斜に構えることでもないのです。

そこには、客観的という自身の思考が働いていなければならない。そう、客観的とは思考なのです。**書き手という他者の考えを受けとめる、書いてあるままに内容を読み取る。それが正確な理解のスタンスです。**

しかし、これには相当な力がいります。なにしろ、目の前に記されている言葉の意味がすべてわからないといけない。そこから生みだされる言葉の意味に気づかないといけない。省略されている言葉の意味があることにも気づけないといけない。

書いてあるままに内容を読み取るというのは、ただ一生懸命に読めばいいというものではないのです。

意図的に意味・内容を壊した芸術作品というものも存在します。それを除いても、ある文章を読んで、その感想はいろいろあっていいし、あるのが当然です。

しかし、それもあるレベルに達してのものでありたい。

目の前の文章のあるがままの理解、書き手の思考、他者の存在の尊重です。客観的で論理的な、読む力、思考の力を身につけることができれば、間違いなく、世界観が広がります。多くの良書、他者の価値ある言葉を理解し、そこから思考できるようになるからです。

第二章

論理的に読むためには、「言葉の扱い方」を知ることから

文章は「全体」と「部分」で読み解く

文章を読んでいくうえで大切なこと

この第二章では、使い慣れている言葉だからこそ、気づいていない、知らない、その扱い方の基本を、目に見える形で示していきます。

客観的、論理的に「読む力」の基本を、この章で確認していきましょう。

まずは、文章を読んでいくうえでの核となる考え、言葉を、ここに記します。

文を成り立たせるものは、主語と述語です。それによって意味が成立します。述語は、動作、作用、存在、状態、性質、事物等を表します。

たとえば、「彼が、企画書を部長に届けた。」といった場合、述語は「届けた」です。主語は「彼が」です。「彼」ではありません。「彼」は主体です。**主体とは、作用、状態、性**

質等の主となるものです。

「が」や「を」や「に」といった語は、言葉と言葉の関係性をつくります。「れる」や「ない」といった語は、書き手の見方、判断等を表します。

第二章では、最初に、こういった文の構造、一語の重要性を説明します。

本書の例文や図解において、重要な関係性、重要な意味をつくっている語には、丸囲みをしています。（例　で・ため・なく）

論理的な文章とは、言葉と言葉の関係性に破綻《はたん》のない文章です。接続語は、その文章中で、意味と意味の関係性を明確に示す語です。接続語を理解できれば、文章の構造が理解できるようになります。第二章では、接続語の意味と用法についても説明します。

本書の例文や図解において、接続語は、二重傍線を付しています（例　が・だから）。

ちなみに、接続語とは、主語や述語といった「文の成分」からの呼び名です（文の成分は「〜語」）。接続詞は、名詞や動詞といった品詞からの呼び名です（品詞は「〜詞」）。接続語といった場合、接続詞も、接続の副詞も、接続の助詞も含めます。本書は、できるだけやさしく文章の解説するために、接続語という言葉のみを使うことにします。

本書では、文章中の重要な語を「キーワード」といい、そのキーワードを中心とした重要な言葉の集合体、内容を、「ポイント」といいます。**「キーワード」と「ポイント」は主語を基点とします。**文章は、主語を基点とした「意味の流れ」というものをつくるからです。第二章では、この意味の流れを、省略、行間の意味とともに示します。省略も、行間の意味も、文章の意味の流れの中にあるからです。

たとえば、「炭は黒い。雪は。」というのは省略です。**省略は、意味の成立に必要な、主語、述語、修飾語、被修飾語のいずれかが欠けている書き方です。**例文には、「雪は」の述語、「白い」がありませんね。この「白い」は、「雪は」だけによって、その意味が省略されているのではありません。「炭は黒い。雪は。」という意味の流れが対比をつくり、「白い」の省略が可能になっているのです。

それに対し、「大粒の雨が降ってきた。私は慌てて走りだした。」というのは、意味が成立しています。ここから読み取るのが、行間の意味です。行間の意味の、実際の読み取り方は、第二章の最後で記します。

本書の図解中の「明朝体（細字）」は、例文・原文です。「ゴシック体（太字）」は、私の文章のチェックです。四角の枠は、意味の成立を示しています。文字の並びは、関係性を示しています。傍線、波線、網《あみ》かけは、そこでの重要な語句を示しています。

では、これから、文の意味、文章の中身を、明らかにしていきましょう。

文は、構造から、単文、重文、複文に分類されます。

単文の例

単文は、一文の中で、主語と述語の関係が一組のものです。

昨日、トムは、新しい車を買った。

述語は「買った」で、主語は「トムは」です。

重文の例

重文は、一文中に、主語と述語の関係が二組以上で、それらの主語が対等に記されているものをいいます。主語が対等であるということは、その重要度が同じであるということです。次の重文の例でいえば、この後、書き手は、主語をつくっている「ギン」と「ランコ」を同等に活躍させることになります。

ギンはアメリカで育ち、ランコはフランスで育った。

複文の例

次の例文では、主語と述語の関係性が三つあります。
これは、意味のまとまりが三つあるということです。

雨がしきりに降っていて、家族は「行っては駄目だ」といっていたけれども、私は海に向かった。

一文の中でまとまっている一つの意味は、他の意味のまとまりと関係性を持っています。このような文を複文といいます。

雨が――降っていて
家族は――いっていたけれども
私は――向かった

「向かった」が、文全体の述語、真の述語です。

真の述語に対応する言葉が、文の真の主語です。「私は」です。

複文は、一文の中で意味のまとまりを多く持つことができ、その関係性を一文の中で示すことができる書き方です。

単文、重文、複文、これらに共通するのは主語と述語の存在です。

それで、文が成り立ちます。それは、意味が成り立つ、ということです。

つまり、構造のうえからの文とは、主語と述語のこと、意味とは、主語と述語のことなのです。

瑕疵のない文章は、意味が成立しています。これは、一つひとつの文の意味が成立している、ということです。

その一つひとつの文は、主語と述語の組み合わせ方で、単文であったり、重文であったり、複文であったりするわけです。

論理的な文章の流れ

次にあげるのは、四つの文から成る文章です。四つの文はすべて単文です。

川の流れが速くなった。流れは小舟に襲いかかる。小舟が宙に浮いた。流れは雄叫《おたけ》びをあげていた。


この文章の意味の流れに破綻はありません。

なぜ、そういえるのかというと、一文中の主語と述語の意味の関係性、主語と対象（修飾語）の関係性、文章中の主語の流れに破綻がないからです。

破綻のない文章であれば、主語の文字が記されていない場合も、述語に対する主体は、省略という形で存在しています。

主体とは、動作、作用、性質、状態の主になるものです。

「～が」という形でまず記された主語の言葉に変化がない場合、それは次に「～は」という形で記されます。

そうしてまた、その主語の言葉に変化がなければ、それは、「その」や「この」といった指示語と一緒にくりかえし記されるか、あるいは省略されます。

これが基本的な書き方です。

基本的な主語の流れ・意味の流れ

A＝主語　B・C・D＝述語

AがB。AはC。（【その】Aは）D。

文章というものは、基本的に、前の文の意味を引き受けながら進みます。

この引き受け方、書き方が、意味の流れであり、それは主語（主体）の意味の流れなのです。

その書き方に瑕疵がなければ、文章は論理的な意味の流れをしている、ということになります。

文章は基本的に前の文の意味を引き受けながら進む

A＝主語　B・C・D＝述語
AがB。（B）AはC。（B・C）AはD。
（B）・（B・C）が省略されずに記されれば修飾語になります。

この基本的な主語の流れ・意味の流れを、前述の例文を使って確認してみましょう。

川の流れ《A》が速くなった《B》。（速くなった川の《B》）**流れ《A》は小舟《C》に襲いかかる《D》。**

小舟《C》が宙に浮いた《E》。（速さを増して《B》、小舟《C》に襲いかかり《D》、その小舟《C》を宙に浮かせた《E》川の）**流れ《A》は雄叫びをあげていた《F》。**

AがB。→（B）**AはCD。**→

→**CがE。**→（B、CD、CE）**AはF。**

これは、四つの単文から成る文章でした。これは、一文に書きかえることができます。

なぜなら、意味の流れに破綻がないからです。

速くなった川の流れは小舟に襲いかかり、（それを・その小舟を・小舟を）**宙に浮かせると、雄叫びをあげた。**

いくつかの文の集まりを一つにまとめる際に注意するのは、元の意味・内容を壊さないということです。それは、主語（主体）の意味を壊さないということで、述語、修飾語の意味を壊さないということです。

速くなった川の流れは小舟に襲いかかり、それを宙に浮かせると、雄叫びをあげた。

意味の流れに破綻のない単文から成る文章は、複文や重文から成る文章に書きかえが可能です。意味の破綻のない複文や重文から成る文章は、単文から成る文章への書きかえも可能です。

これは、自分の書いた文章に誤りがないかどうかを確認する方法の一つにもなります。論理的な意味の流れの確認となるわけです。

意味の成立した全体は、意味の成立した部分から成ります。部分とは全体からの見方であり、全体とは部分からの見方です。

思考は、言葉の配置であり、扱いです。

ある事象を、単文として考えることも、複文や重文として考えることも意味があります。全体と部分、関係性、見えていなかったものが、見えてくるきっかけがそこにはあるからです。

正確な理解には、「一語への注意力」が大事

「は」や「が」や「で」といった一語への意識、知識がほとんどないとしたら、それは意味というものを、大雑把なくくりでとらえてしまっているということです。意味・内容が正確にはとらえられていないということです。やさしい例をあげてみましょう。

「も」と「は」による意味の違い

〈状況説明〉「私」が、ある人からお歳暮《せいぼ》をもらいました。「私」は、その人から、夏にお中元ももらっています。次のA、Bそれぞれの文は、「私」からのお礼の言葉です。

A「今回もすばらしいお品をいただきまして、誠にありがとうございます」
B「今回はすばらしいお品をいただきまして、誠にありがとうございます」

「今回も」と「今回は」が、かかっていくのは「いただきまして」です。修飾、被修飾の関係を明確にすると、意味が明確になります。

A「今回も」「いただきまして」
B「今回は」「いただきまして」

Aは、「すばらしいお品」を前回に続き「いただ」いたことになります。

Bは、前回とは違って、「すばらしいお品」を「今回は」「いただ」いたことになります。意味の違いをつくっているのが「も」と「は」という語です。つまり、ここで意味をつくっている最重要語は「も」と「は」といえます。

お礼の言葉とは、「私」の感謝の気持ちを表す言葉です。当然のことながら、感謝の気持ちの一語一語から成り立っています。その中の一語が「も」であり、「は」なのです。

そもそも、「も」は並列の意味で、「は」は限定の意味ですが、この例文では、謝意という一つの形の中で使われているので、その並列も、限定も、「私」の気持ちとして機能しています。「も」「は」に、「私」の気持ちが垣間見えるように感じられるのは、そのためです。だから、「は」を使ったことに、悪意がなかったとしても、相手はいい気分はしないのです。

声にしろ、文字にしろ、自分の言葉を操るのは自分自身です。**表出した言葉はみな、自分の考え、思いとして受けとめられてしまうのです。**

「が」と「で」による意味の違い

やさしい例を、またあげてみましょう。

〈状況説明〉彼女は料理をつくるのが好きです。とくに、愛する彼に食べてもらうための料理をつくるのは大好きです。それは彼もよく知っています。今、彼にこれといった悩みはなく、彼女のことも大好きです。そんな状況での会話です。

彼女「今夜は、なにがいい？」

Ａ「パスタ(が)いい」

Ｂ「パスタ(で)いい」

Aは、主語の形をつくる「が」という語が使われ、「パスタ」が主たる言葉になるため、食べたい気持ちがあふれる言い方になります。主語は、意味の主たるものがなにであるかを示します。それは、どのような文であっても、最も強い意味をつくります。

それに対し、Bは、手段、方法、道具、材料の「で」という語が使われているために、「パスタ」が一つの手段、一つの選択になります。しかしながら、このパスタという選択も決して弱いわけではありません。カレーライスは選ばれず、パスタは選ばれたわけですから。

ここで注意してほしいのは、話者の存在です。

「私㋩パスタ㋢いい」

こうすると、またニュアンスが違ってくるでしょう。話者が、「私は」という形で現れたからです。しかしながら、「で」は「が」の代わりにはなりません。「で」は、どうしたって主語はつくれないのです。その役割は担えないのです。

「私㋩パスタ㋕いい」

「パスタ」を、「が」で主役にするのも、「で」で一つの手段、一つの選択にするのも、話者です。一語の扱いは、話者の気持ち、思考なのです。だから、それを受けとめる側の気持ちを大きく左右するのです。

試しに、ちょっと場面を変えてみましょう。


大変な病に苦しんでいる患者を傍《かたわ》らにして、医師がカルテを看護師に渡しながら、

「○○薬㋹いい」

と口にするのと、

「○○薬(が)いい」

と口にするのとでは、患者の胸の内はどうでしょうか。

「○○薬でいい」は、この患者のことなど、どうでもいいといっているようにも聞こえます。治療に対して一生懸命ではない医師、と患者は思ってしまうかもしれません。自分のことなど、真剣に考えてくれていないのだとも。

それに対して、「○○薬がいい」は、どうでしょう。

この患者の苦痛を、どうにかして、早く取りのぞいてあげたい。なんとしても病気を治すのだ。治療に対して、医師が強い前向きな気持ちを持っている言い方となります。

患者は、この医師なら信頼できると思うでしょう。

もちろん、「○○薬でいい」も、言葉数を増やし、丁寧な説明をすれば、話は違ってくるかもしれません。しかし、「で」という、たった一語が、患者のその日の気持ちを、いえ、ひょっとしたら一生の気持ちを決定づけてしまう可能性は多分にあるのです。

人は、たった一言で、励《はげ》まされ、傷つくのです。

「完成された文章」は、意味がすべてつながっている

主語をつくるということは、それに対する述語の意味をつくるということでもあります。文の意味は多様につくれます。だから、浅くも、深くもなるのです。

なにを主語に置くか、述語に置くか。それは、論理、思考の道筋を開くということです。

破綻のない文というのは、意味が成立していることをいいます。それは主語と述語が関係性を持っているということです。

破綻のない文の中で、語と語はすべて、意味と意味でつながっています。それは、それらの語が記されているということです。

破綻のない文章というのは、意味が成立していることをいい、文と文がなにかしらの関係性を持っていることをいいます。

文章においては、語の省略、文の省略というものが可能になります。しかし、それはただ見えないだけで、意味は生きています。

なんとなくの言葉の扱い方、書き方をすれば、文章中に適さぬ一語を置いたり、必要な一語を落としたりしてしまいます。そういった文章は、意味が成立していません。意味が隠れているとか、省略したのだとか、いくら自分で言い張っても、その書き方がされていなければ駄目なのです。意味の欠如、語の欠落、それらと省略は違います。

省略には書き方があります。それは独りよがりなものではないのです。書き方がわかっていなければ、読み方もおぼつかなくなる所以です。

文の成立でも、文章の成立でも、重要なのは一語の存在です。その書き方です。そこに意味が存在するからです。

論理とは、一語から一語の意味の破綻のない流れなのです。

名文は、「省略」を効果的に用いている（『雪国』川端康成）

「省略」という書き方が可能になるのは、文章の流れがあるからです。対比とか、文脈とか、話の筋とか、時間の流れとか、論理的な流れとか、みな文章の流れです。重要な言葉は、この文章の流れの中で、何度もくりかえされます。くりかえし書かれるから、読んでいる側は、省略されても、それがなにであるかがわかるのです。

省略は、文章の流れの中以外にもあります。書き出しです。ここでは、その書き出しの省略について解説します。

書き出しの一文はそこから文章がはじまるわけで、流れからの省略はできません。書き出しの省略は、書き手の腕の見せどころともいえます。意図して、言葉をなくす。わざと完全な意味の文にはせず、それにより読み手を文章中に引きこむ。

省略とは、根本的には、書かないことで、意味を強調する書き方なのです。

書き手は自身の訴えたいことを記すわけですが、それがあからさまなものとなると、かえって、読み手は、押しつけがましいと感じたり、しらけたりしてしまうものです。

だから、書き手は、書かぬことで、表す、読み手に感じさせるのです。


言葉数を少なくすることで、文章には独特な余情が生まれます。余情とは、奥深さでもあります。言葉数を多くしてしまえば、意味が完璧になってしまい、奥の奥までも見えてしまいます。だから、書かない。それにより、余情、奥深さをだすのです。

『雪国』の冒頭における「省略」の効果

ここで名文といわれる、余情ある、奥の深い書き出しを一つ取り上げてみましょう。

もちろん、余情、奥深さは作品そのままで味わうべきなのですが、ここでは、書かないという書き方を確かめるために、隠れている言葉を形あるものとして示します。

省略されている言葉、隠れている言葉を導きだすということは、書かれているままに書かれていない言葉を導きだすということです。

見えている文字から見えていない文字を導く。これは、客観的、論理的な作業です。自分勝手な想像や、なんとなくの感覚でできるものではありません。

客観的、論理的な思考の力は、観察眼を持つところからはじまります。

そんな言い方をすると、大変そうと不安に思ってしまう人もいるかもしれませんが、どうぞご安心を。省略は難しい書き方ではありませんから。

書かれているままに、よく見ればいいのです。

> 国境の長いトンネルを抜けると雪国であった。夜の底が白くなった。信号所に汽車が止まった。（五頁）
>
> （『雪国』川端康成／新潮文庫）

有名な書き出しです。舞台説明になっています（小説の書き出しの多くは、時や場所といった舞台説明、状況説明です。これは基本の書き方といってよいものです）。

では、意味を確認していきましょう。主語と述語を確認するのです。

（汽車が）国境の長いトンネルを抜けると（そこは）雪国であった。夜の底が白くなった。信号所に汽車が止まった。

「汽車」の文字が記されるのは第三文です。これは、第三文まで書き出しの主語である「汽車」の文字を記さなかったということです。これをまずおさえておきましょう。

この作品は、主人公である「島村」の視点で記されています。「島村」はすでに「汽車」に乗っているために、この書き出しの書き方、「国境の長いトンネルを抜けると」の主語が記されていない書き方がされてもいます。

「島村」は「汽車」に乗っているのですから、書き出しの主語を「汽車」ではなく、「島村」にしても意味は通ります。

（島村が）国境の長いトンネルを抜けると（そこは）雪国であった。

主人公である「島村」を、「僕」や「私」とすれば、その主語でも意味が通ります。

（私が）国境の長いトンネルを抜けると（そこは）雪国であった。

しかしながら、原文では「国境の長いトンネルを抜けると」の主語として、「汽車が」も、「島村が」も、「私が」も記されていません。主語が記されていない。これにより、読者は、自分自身で、「国境の長いトンネルを抜け」「雪国」の世界を見ることになります。書き出しの一文から、作品の世界に引きこまれることになるのです。

国境の長いトンネルを抜けると雪国であった。

さらに、この書き出しの一文の意味を観察してみましょう。

「国境の長いトンネルを抜けると」、主人公の「島村」（と読者）の眼前に、「雪国」が現出します。これが、書き出しの一文の意味になります。

この『雪国』が現出する」の『雪国』が」は、主語です。

このことをおさえたうえで、原文を確認してください。

国境の長いトンネルを抜けると**（そこは）**雪国であった。

「雪国であった」は述語です。しかしながら、この述語は「そこは」という記されてはいない主語そのものの意味を表しています。
述語が、主語の役割をも担っているのです。

読者が一瞬で作品の世界に引きこまれる理由

さらにこの一文を観察します。

> 国境の長いトンネルを抜ける(と)雪国であった。

「抜けた」とは記されていません。「抜けた。すると」とも記されていません。「抜けると」とは、**「抜けると」同時に**、です。一瞬なのです。「国境の長いトンネルを抜けると」、一瞬にして「雪国」になる。「雪国」が眼前に現れる。一瞬の展開。「そこは」と主語を書いていては遅いのです。主語の文字を書かないことで、読者は、まさに一瞬にして「雪国」という世界に、舞台に引きこまれるのです。

書き出しの一文で、一瞬のうちに読者が作品の世界に引き込まれるのは、「汽車が」という主語も、「そこは」という主語も記されなかったところに理由があります。


視点をやや変えて、補足しておきます。

意味の成立に必要なのは、主語と述語です。つまり、この作品の書き出しは、意味が成立していません。主語をあえて記さずに、意味を成立させなかったのです。成立させぬことによって、余情を、奥深さをだしたのです。書かぬことによって。言葉を隠すことによって。省略することによって。

省略には、強調効果があると前述しましたね。余情、奥深さ、これも強調の一種なのです。


書き出しの意味を確認したうえで、読み進めてみましょう。

この「雪国」は、平面の広がりだけではありません。

夜の底が白くなった。

「夜の底」（主語【主部】）が記されることで、「雪国」の時空間は、雄大に広がっていきます。夜の闇の色、積もった雪の白色、美しい世界。

信号所に汽車が止まった。

第三文ではじめて書き出しの「国境の長いトンネルを抜けると」の動作主、主語である「汽車」の文字が記されます。

舞台説明が終わったのです。「雪国」という舞台、世界の説明が。

> 国境の長いトンネルを抜けると雪国であった。夜の底が白くなった。信号所に汽車が止まった。
> 向側の座席から娘**が**立って来て、**島村**の前のガラス窓を落した。
> （五頁）
> （『雪国』川端康成／新潮文庫）

「島村」という固有名詞が記されるのは、二段落の第一文でです。「娘が」という主語も記され、人物も登場します。

ここから、読者は「島村」とともに話の中を歩んでいくことになります。

書かない、ということで、読み手に強く印象づけることができる。それは、省略という表現方法が持つ一つの大きな効果です。

読み手は、省略に気づけば、その省略されている言葉を補う作業を脳内ですることになります。読み手に、省略させた言葉を感じさせることで、補わせることで、省略の強調効果は発揮されます。

書かないことのよさは、なんとなくのよさ、懐《ふところ》の深さ、ともいえます。そのなんとなくのよさも、論理的な目を持っていれば、さらに味わい深いものとして体験できるようになります。

感性は、言葉とは無縁のように思われる節《ふし》がありますが、決してそうではありません。感性そのものが言葉と深く関わっているからです。感性は脳の動きです。だから、目や耳や触覚を鍛え、言葉の扱い方を鍛えれば、思考、感性も磨かれていくのです。心の目とはまさにそれです。

書き手は、訴えたいことを具体例も用いて伝える

「ポイント」と「具体例」の関係性に着目する

書き手は、ある訴えたいことを記します。これが、ポイントです。しかし、書き手は、自分の訴えたいポイントだけを書くようなことはしません。深い内容のポイントであればあるほど、その説明をします。読み手にきちんと理解してもらうためです。説明は、具体的な例などをあげての内容となります。

文章は、さまざまな関係性の文から成ります。関係性とは、関わりはあるけれども、同じではない、ということです。Ａの文がポイントで、Ｂの文がその具体例という関係であれば、Ｂの文頭に「たとえば」などと、その関係性を示す接続語を補うことができます。

A ――――。

B ――――。

ポイントと具体例の関係は、言葉と言葉の間でも生まれますし、段落と段落の間でも生まれます。立ち位置、視点によって、関係性は変わるのです。一文と一文、文章全体と一文と視点を操り、関係性をおさえ、ポイントと具体例をしっかり見定めることが大切です。

ポイントと具体例の関係性をおさえる

次の例文は、ある文章から抜き出したものとしましょう。全体から見れば、ABの文は部分ということになりますが、AとBの文だけでも、ポイントと具体例に分けることができます。この一部分を、「すべて」ととらえて考えるのです。これは、いわば、ミクロの視点です。

人間には、速さへのあこがれがある。＿＿＿。＿＿＿。＿＿＿。
Ａ　速いといえば、鳥だろう。＿＿＿。
Ｂ　ハヤブサは、急降下時に、時速三八〇キロ以上だ。＿＿＿。

Ａの文、Ｂの文だけで考えれば、ポイントは、「速い鳥」です。その具体例として、「ハヤブサ」が記されています。Ｂの文は、Ａの文からの流れを受けて、具体的な説明を記しています。

Ｂの文は、Ａの文の存在があってはじめて成り立っています。この見方、とらえ方は、文章全体から見た一文のとらえ方です。

今度は、Ｂの文だけを見てみましょう。

Ｂの文だけで思考すれば、「ハヤブサ」がポイントになります。「急降下時に、時速三八〇キロ以上だ」は、ポイント「ハヤブサ」のためにあります。文章中の一文は、最小の意味が成立しています。

文章全体から見れば、「人間」が持つ「速さへのあこがれ」がポイントです。「速い鳥」も、「ハヤブサ」も、「急降下時に、時速三八〇キロ以上だ」も、すべては「人間」が持つ「速さへのあこがれ」のために記された具体的な説明で、具体例の位置づけになります。

意味・内容のみでポイントをとらえようとすると、わからなくなりますから、注意しましょう。

「人間」が持つ「あこがれ」＝「速い」＝「鳥」＝「ハヤブサ」

ポイントと具体例の、意味・内容は表裏一体の関係になります。だからこそ、書き方への視点も意識しましょう。

文章全体のポイントから見れば、すべては具体例となります。しかし、その具体例の中にも、ポイントと具体例が存在します。そうしてまた、その具体例の中を探れば、さらにポイントと具体例が。

そこには関係性があり、意味の破綻のない連続性があります。

言葉の中にある言葉は、また言葉を包んでいるのです。世界の中にある世界は、また世界を包んでいる。宇宙も、人体も、人の世も同じです。意味の関係性、意味の連続性が、論理です。

読むにしても、書くにしても、視点がしっかりしていること、そして、視点の移動がスムーズであることが大切です。

接続語は、意味の舵取り役

文章というものは、基本的に前の文の意味を引き受けながら進みます。その際、**前の意味・内容との関係性を示すのが接続語です。**

文章の書き方には、ある程度、意味に幅を持たせようという書き方、意味を限定させようという書き方がありますが、接続語は、意味を限定する書き方に適しています。

意味の方向性を示す、意味の舵《かじ》取り役ともいえるのが接続語です。

接続語は、ここぞという箇所にのみ使うのが本来の使い方です。どういうところが、ここぞという箇所なのかというと、前後の関係性を、書き手がはっきり示したいと考えるところです。

接続語は、書き手の考えの展開の強調語なのです。接続語を使用するということは、書き手が自身の考えに読み手を強く誘《いざな》うということなのです。

接続語を使わなければ、文章の流れというものは、止《とど》まりません。しかし、接続語が記されていれば、読み手は当然その文字を見ますし、読みます。接続語がワンクッションとなります。接続語が文章の流れをいったん止めるわけです。

だから、前後の関係性を読み手に示したい、際立たせたい、という箇所で使えば、接続語の存在意義は高まるのです。

逆に、接続語の多用は、その存在意義をなくしてしまうことになります。強調効果は、目立ってこそですから。

接続語の意味と用法がわかると、文章の流れが読める

まず、**順接の接続語**の例を図示します。

〈順接〉（前に原因・理由、後にその結果を記す）
だから　＝　～から、……。
それで　＝　～で、……。
そこで　＝　～で、……。
したがって　＝　～て、……。
すると　＝　～と、……。

順接の接続語の例の中で、因果表現の最も弱いものは「すると」ですが、この「すると」は、時間の中での自然な意味の流れ、動作の流れを表すのに最も適している接続語でもあります。

原因と結果という因果関係の意味づけは、時のある一点から過去をふり返った際に、はじめて生じます。その意味づけがされないかぎり、すべては、時とともに流れていくことになります。

左の例文は、明確な因果関係の書き方です。

山を越えた。**だから、**村が見えた。

山を越えれば、村が見えるということがあらかじめわかっている書き方でもあります。

条件と結果という関係性もそこにはあります。

左の例文は、時の流れの中での動作の書き方です。

山を越えた。**すると、**村が見えた。

未来のある時点よりふり返って、「村が見えた」原因・理由を考えれば、「山を越えた」ことである、とはなる書き方です。

次に、**逆接、並列・添加・累加《るいか》の接続語**の例を図示します。

〈逆接〉（前の意味と逆の意味を記す）

だが　＝　〜が、……。

しかし　＝　〜、しかし（ながら）、……。　＝　〜ながら、……。

けれども　＝　～たけれども、～。　＝　～も、……。
ところが　＝　～たところが、……。　＝　～が、……。

〈並列・添加・累加〉（前の意味と後の意味を並べる。前の意味に、後の意味を付け加える）
また　＝　～、また……。
そして　＝　～、そ（う）して……。
それから　＝　～（して）から、……。

「また」は対等の並び、「そして」「そうして」は時間の経過、「それから」は時間の起点等の使い分けもできますが、根本には、それぞれみな、時間の流れの意味を持っています。「さらに」「および」「なお」「また」「そして」「それから」は、並列・添加・累加の読点等を使った後で記す接続語です。

次に、**選択の接続語**の例を図示します。

〈選択①〉（前の意味か、後の意味か、選択するものを示す）
あるいは・それとも・あるいはまた・または・もしくは

選択するものが上位から下位、大から小と並んでくる場合、「AまたはB、もしくはC」という書き方をします。

〈選択②〉（前の意味ではなく、後の意味を選択する）
むしろ　＝　～より、……。＝　～（では）なく、……。

＝　～（では）なく、どちらかといえば、……。

次に、**説明の接続語**の例を図示します。この接続後は、みなポイントを説明します。

〈要約の説明〉（前の内容を後でまとめる。前の内容を後で言いかえる）
つまり　＝　つまるところ
すなわち　＝　そのまま言いかえれば

〈理由の説明〉（前の内容の原因・理由等の説明をする）
なぜなら　＝　なぜであるかといえば　＝　何故《なにゆえ》かといえば

〈**補足説明**〉（前の内容に対して、否定的・例外的な内容、疑問・推量の内容等を補足する）

ただ・ただし・あるいは・もしかすると・しかし

〈**具体例による説明**〉（前の内容の具体例を後に記す）

たとえば　＝　例をあげていえば……。

いわば　＝　たとえていうならば……。

次に、**転換の接続語**の例を図示します。

〈転換〉（話題を転じる）
では　＝　それでは……。＝　それならば……。
ところで　＝　時に……。＝　それはそれとして……。
さて　＝　～。そうして……。＝　～。それから……。

ここであげた接続語は一例ですが、どの接続語も、みな、前の意味・内容を受け、後につなぎます。
話題を転じる意を持った転換の接続語でさえ、その働きを根本とします。右の転換の接続語の図示で、「それ」や「そう」という言葉があることからも、前の内容をしっかりと受けて、後につないでいるのがわかるでしょう。

接続語を自分で補えれば、読めている証拠

接続語を補うと、前後の文のつりあいが見える

読んでいて、前後の関係性、意味のつながりが、見えにくいときには、自分で接続語を補うと有効です。

接続語を補う際は、補う箇所の前後の、意味の関係性を確認するわけですが、漠然とそれをとらえようとするのではなく、文字、書き方をおさえましょう。

接続語を補う箇所の前後の、同じ位置を比べるのです。

同じ位置とは、主語と主語、述語と述語、修飾語と修飾語といった、同じ文の成分です。意味を、書き方から確認するのです。

文章中であれば、主語の省略がありますから、注意しましょう。

比較、観察、分析は、論理的な思考の基本です。

接続語を補うことができれば、それは目の前の文章の内容を理解できているということになります。逆に、それができなければ、理解には至っていないということです。意味の関係性、論理的な意味の流れ、連続性が見えていないのです。

論理的な文章であれば、どのような箇所にでも、接続語を補うことができます。適した接続語を補えば、その前後の意味と意味とのつりあいが、はっきりと見えます。

接続語を補うその前後の意味は、原因と結果なのか（順接）、反対の事柄なのか（逆接）、同じ内容をくりかえしているのか（要約の説明）、違うものを並べ、かつそのどちらか一方を選ばせているのか（選択）、ポイントと具体例なのか（具体例の説明）、新しいキーワードを持ち出してきているのか（転換）等々、論理的な文章において、接続語を補う前後の意味は、みな、意味のつりあいがあります。

意味のつりあいがあるというのは、言葉が論理的に配置されていて、意味・内容が整っているということです。書き方と内容は表裏一体だからです。

省略という書き方をしていた場合、文字は見えなくとも、意味・内容は存在しています。それも、書き方と内容の論理が整っているということです。

接続語によって、ポイントが確認できる

接続語の補いは、ポイントを確認する際、とくに大きな力を発揮します。

また、これをすることによって、意味の関係性を見る目が鍛えられます。それは、論理的な目であり、論理的な思考です。

ポイントの確認のための、接続語を補う例を、次に示していきましょう（原文に、接続語は記されていません）。

「いや、今書いているというよりも、書いたことがある」と私はいった。

（『夕陽妄語』加藤周一／筑摩書房）

「私はいった」が、主語と述語です。しかし、「私」が「いった」、その内容がわかりません。意味の確認をします。↓なにをいったのか？↓「いや、今書いているというより

も、書いたことがある」です。↓「私」が「いった」、この内容の中に、比較の「より」があります。↓「より」は関係性を明示する言葉です。↓「いや、今書いている」と否定し、「書いたことがある」を肯定しています。↓選択の接続語を補うことになります。

「いや、今書いているというよりも、（むしろ）書いたことがある」と私はいった。

A（むしろ）B↓ポイントを選択していることがわかります。

「私」が「いった」、「書いたことがある」がポイントになります。「**『（いや、今書いているというのではなく、むしろ）書いたことがある』と私はいった**」のです。

次の文は第一文にだけ、主語と述語がそろっていて、意味が成立しています。

偽ることは許されない。いつも試練を受けるからである。
（『雑器の美』柳宗悦／青空文庫）

「偽ることは」が主語で、「許されない」が述語です。↓第二文にだけ、原因・理由を示す「から」があります。↓「から」は関係性を示す言葉です。↓第二文に主語がないのは第一文の理由を記しているからです。↓第二文の理由に対して、第一文は書き手の意見、主張です。↓第一文がポイントです。↓理由説明の接続語を補うことになります。

偽ることは許されない。**（なぜなら）**いつも試練を受けるからである。

A（なぜなら）B↓ポイントの理由説明をしていることがわかります。

第二文に、「いつも」と絶対強調の語があります。接続語の前後の意味・内容はつりあいますから、第一文の「偽ることは許されない」とは、「いつも」「偽ることは許されない」と記されていることになります。

第二文のポイントが第一文であることは、二つの文を、一つの文（複文）にすることでも明らかになります（これは、原文の意味を変えずに、視点を変えて見るということです）。

「偽ること」が「許されない」のは、「いつも試練を受けるからである」。

なんとなくではない、明確な意味、書き方からの接続語の補いは、論理的な作業です。意味の関係性は、言葉の位置の関係性が見えてきます。

書き手の考えは、どのように浮かび上がってくるのか

では、次の例文に接続語を補ってみましょう。

> そこから率直に発言してみると、批評とは人をほめる特殊の技術だ、と言えそうだ。人をけなすのは批評家の持つ一技術ですらなく、批評精神に全く反する精神的態度である、と言えそうだ。
> (『考えるヒント』「批評」小林秀雄／文藝春秋)

文章は、書き手の意見、考えがポイントになります。↓「率直に発言してみると」とあ

りますから、発言の内容がポイントということです。↓第一文も、第二文も、述語は、「言えそうだ」です。↓「そこから率直に発言してみると、Aと言えそうだ。Bと言えそうだ」と記しているわけです。↓さらに観察、分析します。A＝「批評とは〜特殊の技術だ」と記しています。B＝「人をけなすのは〜一技術ですらなく、〜精神的態度である」と記しています。↓Aのキーは「批評とは」、Bのキーは「人をけなすのは」です。違うキーですから、並列の接続語を補うことになります。

> そこから率直に発言してみると、批評とは人をほめる特殊の技術だ、と言えそうだ。（また）人をけなすのは批評家の持つ一技術ですらなく、批評精神に全く反する精神的態度である、と言えそうだ。
>
> **A（また）B↓ポイントを二つ並べていることがわかります。**

省略を補えば、「そこから率直に発言してみると、批評とは人をほめる特殊の技術だ、と言えそうだ。（**また、**そこから率直に発言してみると）人をけなすのは批評家の持つ一技術ですらなく、批評精神に全く反する精神的態度である、と言えそうだ」となります。

最後の例文です。書き方から内容をとらえれば、難しくありません。しっかり見て、接続語を補ってみましょう。

ところで、この〈転倒の論理〉だが、ただ裏返しにしたり、ひっくりかえしたりするだけではなく、実は逆にすることで、裏を表と比べる目玉を獲得するのが大切なのであり、その新しい目玉が、より正しいもの、より賢なるものに近づけ、世界のなかの自分の本当のありようを悟らせてくれる点が眼目なのだ。愚に発して比較に至り、比較によって同定に至る過程が、知の営みだということになる。

（『言語文化のフロンティア』由良君美／講談社）

第一文は、長い文となっています。とくに主部が長い。

しかし、主部が長い分、述語は明解に「眼目なのだ」です。大きなとらえ方をすれば、「Aが眼目なのだ」となります。「眼目」とは、主眼であり、要点です。つまり、「Aがポイントだ」と記しているわけです。

ポイントを記したら、必ず、その説明をします。必ずです。それをしなければ、論理的な思考の流れから外れます。

さきほど、説明の接続語も確認しました。説明の接続語には、具体例の説明、理由の説明、補足の説明、要約の説明等々の接続語があります。これらは、みな、ポイントの説明を宣言するための接続語なのです。

第一文の述語「眼目なのだ」に対して、第二文の述語は、「いうことになる」です。↓「Aがポイントだ。B（と）いうことになる」↓「いうことになる」は、要約の説明の書き方です。↓第一文＝第二文、という関係になります。↓要約の説明の接続語を補うことになります。

ところで、この〈転倒の論理〉だが、ただ裏返しにしたり、ひっくりかえしたりするだけではなく、実は逆にすることで、裏を表と比べる目玉を獲得するのが大切なのであり、その新しい目玉が、より正しいもの、より賢なるものに近づけ、世界のなかの自分の本当のありようを悟らせてくれる点が眼目なのだ。（つまり）愚に発して比較に至り、比較によって同定に至る過程が、知の営みだということになる。

A（つまり）B → ポイントを、要約しているのがわかります。

内容の確認もしておきましょう。

第一文は、「転倒の論理」は、「裏を表と比べる目玉を獲得するのが大切なのであり、その新しい目玉が、より正しいもの、より賢なるものに近づけ、世界のなかの自分の本当のありようを悟らせてくれる点が眼目なのだ」と記しています。「転倒の論理」という大きなポイントから、「新しい目玉」という小さなポイントが生じています。

この大きなポイント、小さなポイントの動き（「過程」）が、第二文、「愚に発して比較に至り、比較によって同定（「同定」とは、同一であることを見きわめることです）に至る（過程）」です。これが、「知の営みだ」と第二文は記しているのです。

接続語の補いをすると、語と語、文と文、段落と段落の関係性もはっきりと見えてきます。それは、論理的な思考の流れが可視化されるということです。

接続語を補う力は、論理的に、読む力、思考する力の、バロメーターになります。接続語を補うのは、論理的な文章を読む際の、自身の思考のトレーニングにもなります。

「行間の意味」は、本文に記されているものから読み取る

見えない意味は、見えている文字から導く

文章の行と行の間、文字の記されていないところが「行間」です。行間の意味は文字としては見えないわけですが、「無」のところから意味が生じてくるわけではありません。**行間の意味は、文と文の関係性、言葉と言葉の関係性、そして意味の流れから生まれます。**

行間の意味を読み取るには、まず目に見えている文字を、しっかりととらえることです。見えない意味は、見えている文字から導くのです。

この作業ができなければ、しっかりした内容の理解ができません。自身で行間の意味を「書く」ということもできません。

では、実際に、行間の意味を、目で確かめていきましょう。

Ⓐ　風が吹き、黒雲が空を覆い、大粒の雨が降ってきた。
Ⓑ　私は慌てて走りだした。

右の二つの文は、ⒶからⒷの順で書かれています。この二つの文で文章のすべてです。他には、なにも記されていません。

Ⓑの文の主語は「私が」ではなく、「私は」と記されています。Ⓐの文と同じ主語ではないのに、「〜は」と記されている。これは、「風が吹き、黒雲が空を覆い、大粒の雨が降ってきた」というⒶの文の影響をⒷの文が受けていることを示す書き方です。

「私」が「慌てた」のは、「風が吹き、黒雲が空を覆い、大粒の雨が降ってきた」から、とⒶ文とⒷ文の因果関係が確認されます。原因・理由の「から」を補えます。

風が吹き、黒雲が空を覆い、大粒の雨が降ってきた**（から）**私は慌てて走りだした。

Ⓐと Ⓑは、原因と結果の関係ですから、Ⓑの文頭には、「だから」等の順接の接続語を補うこともできます。

風が吹き、黒雲が空を覆い、大粒の雨が降ってきた。**（だから）**私は慌てて走りだした。

この因果という関係性は、Ⓐから Ⓑという文の順、文と文との位置関係から成り立っています。他の文と入れ替えるようなことをすれば、Ⓐ、Ⓑの因果という関係性は壊れてしまいます。今ここでは、Ⓐと Ⓑという二つの文がすべてで、それが関係性、意味・内容をつくっています。「電車に乗り遅れそうだった」とか、「トイレに行きたかった」とかいう勝手な意味の補いは、このⒶとⒷの文を壊すことになります。

ちなみに、今ここで、関係性が成り立っているのは、「大粒の雨が降ってきた」のは、文と文だけではありません。語と語においても成り立っています。「黒雲が空を覆った」のは「風が吹いた」ためです。それぞれの間にも、原因と結果の関係が成り立っています。

Ⓐの文は、時系列的な意味の流れ、順接、因果の流れの記し方です。それで「風が」「黒雲が」「雨が」という異なる主語が順繰《じゅんぐ》りに書かれています。そうして、それが一まとまり、一つの意味となって、一文となっています（ありのままに見るという見方は、実にシンプルな見方であるわけですが、これができないと、そしてそこに妙な主観が入ると、たとえば会議をしていても、論点がずれる、話がかみ合わなくなります）。

Ⓐの文とⒷの文の関係性から、行間の意味を確認してみましょう。

Ⓐの文の最終的な結果は、「大粒の雨が降ってきた」です。この最終的な結果の意味を、Ⓑの文の「私」は直接受けていることになります。なぜなら、『風が吹いた』。私は慌て

て走りだした」と書かれていませんし、『風が吹き、黒雲が空を覆った』。私は慌てて走りだした」とも書かれていません。Ⓐの文の「風が吹き、黒雲が空を覆い」、その最終的な結果として「大粒の雨が降ってきた」から、「私は慌てて走りだした」のです。

Ⓐの文の最終的な真の主語は、文末の述語に対する主語「雨が」です。Ⓑの文の主語は「私は」です。この「雨」と「私」の関係性から行間の意味は生まれていきます。

Ⓐ　風が吹き、黒雲が空を覆い、大粒の雨が降ってきた。

雨は私を――。
私は雨に――。

行間の意味

（だから）

Ⓑ　私は慌てて走りだした。

「私」が「走りだした」のは、「慌て」たからです。ここには、動作の結果と、心情の理由という関係があります。「慌て(て)」の「(て)」は順接です。「慌て」たから、「走りだした」のです。「慌て」たという心情の理由を結果の位置として、その原因を確認すると、「大粒の雨が降ってきた」になります。直接の原因です。Ⓐ文とⒷ文の場合、この心情の結果と、直接の原因という間にあるのが、行間の意味となります。

「雨(は)私(を)――」、**「私(は)雨(に)――」**の、それぞれの「――」は、**「雨(は)」**「**私(は)**」という主語に対する述語です。

意味を成立させると、行間の意味も見えてくる

意味の成立の基本型は、主語と述語、主体と述語の存在である、とこれまで記してきました。行間にもそれが生きているのです。なにしろ行間の意味というくらいですから。

Ⓐ　風が吹き、黒雲が空を覆い、大粒の雨(が)降ってきた。

行間の意味

雨は私を濡らす。
私は雨に濡れる。
←
私は雨に濡れたくなかった。

（だから）

Ⓑ 私は慌てて走りだした。

意味を成立させるために、主語は述語を求め、述語は主語、主体を求めます。そうしてさらなる意味を見いだすのであれば、修飾語です。

「雨」は「降ってき」ていますから、「濡れ」ないわけにはいきません。「**濡れたくなかった**」の「たく」は願望です。この願望を生かせば、「可能なかぎり」「可能なだけ」「できるだけ」といった修飾語の意味を補完することができます。

Ⓐ　風が吹き、黒雲が空を覆い、大粒の雨が降ってきた。

私は雨にできるだけ濡れたくなかった。

行間の意味

（だから）

Ⓑ　私は慌てて走りだした。

「私」が「慌てて走りだした」のは、「大粒の雨が降ってき」て、「できるだけ濡れたくなかった」ためです。

これは、Ⓐの文とⒷの文との関係性、そこに使われている文字から生まれた意味です。

これが行間の意味です。行間の意味は、あくまでも本文に記されている文字と、それらの関係性から導かれます。

本文に記されている文字、意味、関係性から、行間の意味は生まれます。本文から導けない意味は行間の意味ではありません。関係ない一つの意味を持ちこめば、本文全体の意味は壊れてしまいます。

瑕疵のない文章は、書き手がつくりあげた一つの世界です。この世界は、一つの意味が成立したものです。全体の意味は、部分の意味から成ります。

第三章

「論理的な読み方」によって、正確な理解が可能になる

「読む力」の根本は、意味の「呼び起こし」「関連づけ」「連続性」

「はじめに」で触れた日本経済新聞の「春秋」を、これから一緒に読み解いていきます。実践の章です。論理的な読み方、書き方、言葉の扱い方から説明します。

論理的に読む際に大切なのは、読み終えた意味を忘れないこと、そしてその読み終えた意味と、今目の前にある意味とを結びつけていくということです。「意味の呼び起こし」「意味の関連づけ」「破綻のない意味の連続性」、それが論理的な読み方、論理的な思考の根本です。意味の呼び起こしの作業ができないと、意味の関連づけができません。意味の関連づけができないと、意味の連続性は生まれません。意味の連続性が見えなければ、論理的な理解には至りません。

では、日本経済新聞の「春秋」を、まずは自分なりに論理的に読んでみてください。

日本初の八時間労働制は、一九一九年（大正八年）、神戸の川崎造船所という会社で生まれたとされる。美術品の収集家としても知られる当時の社長の松方幸次郎が、大規模な労働争議を終結させるために、それまでの一日十時間労働を賃金は変えずに八時間に改めた。

▼従業員たちは歓呼した。引き続き十時間働けば残業代が別にもらえたからだ。が、その喜びも長くは続かなかったらしい。不況の色が濃くなると残業は廃止された。所定労働時間の短縮は時間あたりの仕事の密度が高まることにつながった。松方の打った手は合理化策の面もあったと「兵庫県労働運動史」は解説している。

▼仕事の密度を上げること、つまり能率アップは企業の競争力向上につながり、働き手のためにもなる。ただ従業員は、八時間労働の狙いを包み隠さず語ってほしかったと思ったかもしれない。会社も従業員の信頼を損ねては損失だ。それは今も同じのはず。今春の労使交渉でも、労働時間の短縮は柱のテーマになっている。

▼長時間労働の是正で浮いた残業代を何に振り向けるかは論議の的のひとつだ。手当の新設などお金で社員に還元するほか、教育訓練費に充てたり健康増進活動に補助したりといった方法もある。いずれにせよ、選んだやり方がどう企業の成長を促すか、働き手によく理解してもらう必要がある。経営者の説明力が問われる。

（日本経済新聞「春秋」二〇一八年三月一二日）

書き出しで、書き手と読み手は足並みをそろえる

日本経済新聞の「春秋」は、書き手の思考が論理的に記されている文章です。書き出しの一文から確認していきましょう。

> 日本初の八時間労働制は、一九一九年（大正八年）、神戸の川崎造船所という会社で生まれたとされる。

「神戸の川崎造船所という会社」の「という」、「生まれたとされる」の「とされる」、これらは、具体的な書き方であり、引用の書き方であり、読者との事実確認の書き方でもあ

ります。

「日本初の八時間労働制」の誕生や「神戸の川崎造船所」について知っている読者も、知らない読者も、ここからスタートすることになります。

コラムのポイントは書き手の考えになりますが、具体例の中でも、ポイントと具体例の関係性は確認できます。

主述の成立という視点で読み進めていきましょう。

そうして、その主述の意味を忘れずに、次の文の意味と関連させていきましょう。

書き手は、自身の考えを記すために、言葉を置いていきます。書き手の論理的思考の形が、文章という目に見える形です。

よって、文章のはじまりは、論理のはじまりです。

論理的な文章に、なんとなくの無駄な一文はありません。そうでなければ、論理は成立しないからです。

論理のはじまりが見えていますか？

「神戸の川崎造船所という会社」
これが論理的な意味の流れに通じる具体的な書き方です。論理のはじまりです。

どうぞ、右の意味を考えながら、読んでいってください。
論理の形は、これから先の、文章の中で見ることができます。

読み手との事実確認からはじまる書き方は、具体例からはじまる書き方である

「意味の成立」がわかれば、論理構造が見えてくる

主述の成立、修飾・被修飾の成立が、意味の成立になります。

主部 ―― 述部

日本初の八時間労働制は ―― 生まれたとされる

修飾 ―― 被修飾

時 （日本初の八時間労働制は）一九一九年（大正八年）―― 生まれたとされる

場所 （日本初の八時間労働制は）神戸の川崎造船所という会社で ―

――生まれたとされる

「日本初の八時間労働制は」「生まれたとされる」。この主述の意味・内容が、ポイントとなります。

この第一文は、「時」と「場所」という修飾の言葉によって、意味がより具体的になっています。

主語・述語、修飾語・被修飾語がそろうことで、文の意味は成立するのです。

意味が成立するための要素をおさえる

文と文の「意味の連続性」を目で確かめる

第一文の存在があって、第二文は記されています。つまり、第一文がなければ、第二文は存在できない。この視点が大切です。

意味の成立した文の連続性が文章になります。第一文の主述の意味が、第二文にも生きている。このことを確認してみましょう。

日本初の八時間労働制は
いつ生まれた　　一九一九年（大正八年）
どこで生まれた　　神戸の川崎造船所という会社で

どのように生まれた

←

美術品の収集家としても知られる当時の社長の松方幸次郎が、大規模な労働争議を終結させるために、それまでの一日十時間労働を賃金は変えずに八時間に改めた。

第二文の述語「『改め』る」は、正すという意ではなく、それまでのものをやめて、新しくするの意です。「**それまでの一日十時間労働を賃金は変えずに八時間に**『した』」。

第二文も、「八時間労働制」が「生まれた」内容について記しているのです。

これは、一つの文で記すこともできるということです。一つの文にまとめられるのは、意味の連続性があるからです。

（一九一九年（大正八年）、神戸の川崎造船所という会社で、）美術品の収集家としても知られる当時の社長の松方幸次郎が、大規模な労働争議を終結させるために、それまでの一日十時間労働を賃金は変えずに八時間に改め（て、日本初の八時間労働制は生まれ）た（とされる）。

意味の完成した文が連続して、文章になる

キーワードを、書き方から見いだす

「八時間労働制は」「生まれた」。これは、受身の意味です。「松方幸次郎」によって、「八時間労働制は」「生まれた」。「松方幸次郎が」「八時間労働制」を「生」んだ、「生」みだしたのです。「生」む、という動作の主体は、「松方幸次郎」です。

「八時間労働制」が、どのように「生まれた」かについて記している第二文も確認してください。

第二文の動作・作用の主体もすべて、「松方幸次郎」になっています。「終結させる」「変えず」「改めた」。

美術品の収集家としても知られる当時の社長の**松方幸次郎が**、
大規模な労働争議を**終結させるために**、
それまでの一日十時間労働を賃金は**変えずに**八時間**に改めた。**
＝
八時間労働制

「松方幸次郎」の存在がなかったら、「八時間労働制」は「生まれ」なかった、ということです。

「松方幸次郎」が重要な言葉であるということは、おそらく誰でもわかることでしょう。

では、なぜ重要だとわかるのか？

動作・作用の主体だからです。主体である「松方幸次郎」を、主語として記しているからです。**書き方から、意味の強さ、重要性は決まるのです。**

「松方幸次郎」は、重要なキーワードだから、主体として、主語として記す必要があった。

では、その重要だと決めるのはいったい誰？

書き手です。書き手の思考が、文章という目に見える形になるのです。

それを読み手は、読むわけです。読むとは、理解するということです。書き手の思考を理解するのが、読むという作業の最初の一歩です。

感想、自身の思考を磨くのは、正確な理解の先にあります。

動作・作用の主体がキーワードになる

「段落が変わる理由」を理解すれば、論理展開が見える

しっかりした文章の場合、「だいぶ行を重ねてきたから、そろそろ」というような段落変えはしません。それは、なんとなくの書き方です。今回扱っている文章は、論理的な書き方をした文章で、段落が変わるのにも理由があります。

日本初の八時間労働制は、一九一九年（大正八年）、神戸の川崎造船所という会社で生まれたとされる。美術品の収集家としても知られる当時の社長の松方幸次郎が、大規模な労働争議を終結させるために、それまでの一日十時間労働を賃金は変えずに八時間に改めた。

▼従業員たちは歓呼した。

最初の段落変えが、ここであります。

なぜ、段落が変わったのか？

それは、**新しい主体が登場したからです**。「従業員たち」という新しい主体が、主語で記されています。新しいキーワードです。

一段落の第一文の述語「生まれた」は受身で、「生む」という主体は「社長の松方幸次郎」でした。第二文の述語「改めた」の主体も「社長の松方幸次郎」でした。一段落は、二文で記されていますが、述語動詞の主体のキーはすべて「社長の松方幸次郎」です。

それが、二段落の第一文では、変化するわけです。だから、段落を変えているのです。

新たな主体の登場で、段落は変わる

「論理の流れ」から思考すれば、5W1Hの重要性がわかる

動作、状態、性質の主体を、主語で記す。これは、キーワードの典型的な書き方です。一段落の第二文では、「松方幸次郎」を主語として記していました。「日本初の八時間労働制」を生みだした主体だから。

しかしながら、「松方幸次郎」を、主体、主語として記したのは、二段落で「従業員たち」を主体、主語として登場させたかったから、ともいえます。また、「松方幸次郎」を主体として記したから、「従業員たち」も主体として記した、記せたとも。なぜなら、「日本初の八時間労働制」は、「一九一九年（大正八年）、神戸の川崎造船所という会社」で生まれたからです。

「一九一九年（大正八年）、神戸の川崎造船所という会社」には、「松方幸次郎」と「従業員たち」がいます。この「一九一九年（大正八年）、神戸の川崎造船所という会社」が

記されているのは、一段落の第一文でです。「松方幸次郎」「従業員たち」よりも、先に記されています。つまり、一段落の第一文に「一九一九年（大正八年）、神戸の川崎造船所という会社」を記しているから、一段落の第二文に「松方幸次郎」、二段落の第一文に「従業員たち」と記していくことができる。書き手は、時と場所を、主体よりも先に記したのです。論理的に、意味が、言葉が、スムーズに流れるためにです。

文章を記す、意味が成る、というのは、言葉の置き方によって決まります。それは、言葉を置く順番の重要性ということでもあります。

いつ（When）、どこで（Where）、だれが（Who）、なにを（What）、なぜ（Why）、どのように（How）、５Ｗ１Ｈという基本の重要性も見えてきます。論理的な意味の流れの中で、この基本がどれだけ大きな意味を持っているのかに気づくと、深く読み取ることができます。

書き手の意図は、５Ｗ１Ｈからも見えてくる

「主体の変化」には、大きな意味がある

段落は変化しても、前の段落からの意味の流れがあります。大切なのは、その意味を忘れないこと。

しかし、これが簡単そうで、実はなかなか難しいのです。人は、どうしても目の前のことばかりに神経が集中してしまいますから。木を見て森を見ずです。意味の流れに注意しながら読み進めていきましょう。

> 美術品の収集家としても知られる当時の社長の松方幸次郎が、大規模な労働争議を終結させるために、それまでの一日十時間労働を賃金は変えずに八時間に改めた。

▼従業員たちは歓呼した。引き続き十時間働けば残業代が別にもらえたからだ。

ここで、本書の「はじめに」で記したのと同じ質問をします。

「従業員たち」が「歓呼した」のはなぜでしょう？

「それまでの一日十時間労働を賃金は変えずに八時間に改められたから」。

これは、「従業員たち」が「歓呼した」原因です。これがなかったら「従業員たちは歓呼し」ませんから、正解です。

「引き続き十時間働けば残業代が別にもらえたから」。

これは、「従業員たち」の心情からの理由です。「従業員たち」が「歓呼した」その胸の内ですから、正解です。

では、「それまでの一日十時間労働を賃金は変えずに八時間に改められたから」「引き続き十時間働けば残業代が別にもらえたから」、これらの違いはどうでしょう。

社長の松方幸次郎が、大規模な労働争議を終結させるために、それまでの一日十時間労働を賃金は変えずに八時間に改めた。

（それで）

▼従業員たちは歓呼した。

（なぜなら）

引き続き十時間働けば残業代が別にもらえたからだ。

それぞれが記されている位置に注意してください。

「それまでの一日十時間労働を賃金は変えずに八時間に改めた」、**この主体は「松方幸次郎」です**。よって、「それまでの一日十時間労働を賃金は変えずに八時間に改めた」は、「松方幸次郎」の心情、思わく、狙いが生きた書き方になっています。

それに対して、**「引き続き十時間働けば残業代が別にもらえたからだ」**、**この主体は「従業員たち」です。**よって、「引き続き十時間働けば残業代が別にもらえたからだ」は、「従業員たち」の心情、思わく、狙いが生きた書き方になっています。

社長松方幸次郎の思わくからの結果
それまでの一日十時間労働を**賃金は変えずに**八時間に改めた。

従業員たちの思わく
引き続き十時間働けば残業代が別にもらえたからだ。
＝
引き続き十時間働けば**残業代が（賃金とは）別にもらえた**からだ。

書き手が段落を変えたのは、これらのことを明確に示すため、ともいえます。また、書き手は、読み手がこれらのことを読み取りやすいように、段落を変えた、ともいえます。

ただ読み流すと、一方向からだけの読み方、思考になってしまいます。大切なことを簡単に見逃してしまいます。

主体の変化には、大きな意味があります。主体が意味を生みだすからです。主体はなにより重要です。このことをどうぞ肝に銘じてください。

言葉を置く位置にも、書き手の意図が表れる

結果だけでなく、原因も見る

「従業員たち」が「歓呼した」理由について注意してください。

彼らが「歓呼した」のは、「社長の松方幸次郎が」「それまでの一日十時間労働を賃金は変えずに八時間に改めた」からであって、「社長の松方幸次郎が」「大規模な労働争議を終結させようとした」からではありません。

また、「社長の松方幸次郎」の目的、狙いは、「大規模な労働争議を終結させる」ことであって、「それまでの一日十時間労働を賃金は変えずに八時間に改める」ことではありません。

「それまでの一日十時間労働を賃金は変えずに八時間に改める」ことは、「社長の松方幸次郎」にとって、「大規模な労働争議を終結させるため」の一手段です。

社長の松方幸次郎が、（主語）
大規模な労働争議を終結させるために、（目的）
それまでの一日十時間労働を賃金は変えずに八時間に改めた。
▼従業員たちは歓呼した。
引き続き十時間働けば残業代が別にもらえたからだ。（理由）

「社長の松方幸次郎が」下した決断、「それまでの一日十時間労働を賃金は変えずに八時間に改めた」ことは、「従業員たち」にとって、目に見える結果ですから、彼らは「歓呼し」ました。

しかし、「大規模な労働争議を終結させるため」という「社長」の胸の内は、「従業員たち」にはどこまで見えているか、定かではありません。

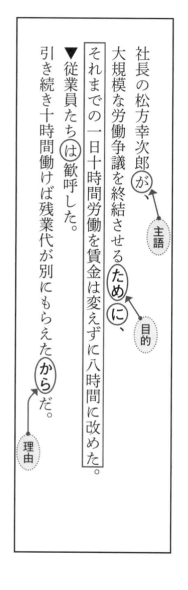

「社長の松方幸次郎」と「従業員たち」には、思わくの相違、考えの相違があるのです。

思わくの相違、考えの相違は、立場の違いであり、人間の違いです。

結果を見ることも、その原因を見きわめることもまた大事です。

手段と目的は異なる

「ポイント」になる内容は、書き方で決まる

二段落の第一文では、「従業員たち」が主語というキーワードで記され、第二文では、「残業代」が対象のキーワードで記されています。→「（従業員たちは）引き続き十時間働けば残業代が別にもらえたからだ」→「（従業員たちは）引き続き十時間働けば残業代を別にもらえたからだ」。

これは、「従業員たち」、「残業代」、それぞれが重要な言葉であるということです。

> 従業員たちは歓呼した。引き続き十時間働けば残業代が別にもらえたからだ。が、その喜びも長くは続かなかったらしい。

第三文は、「喜び」が主語で記されています（第三文の述語は「続かなかったらしい」です。→「なにが」「続かなかった」のか。→「喜び」です。「長く」ではありません。「長くは」は、「続かなかったらしい」を修飾している語です。その喜びも長く続かなかったらしい、というように書きかえが可能です。「長く」「長くは」は、修飾語です）。

「喜び」は、「その」という指示語と一緒に記されています。

指示語は、現時点の話題の中心の内容を指し示します。つまり、第三文では、「その喜び」が、今、話題の中心の内容である、ポイントである、ということです。

指示語の指し示す内容は、必ず確認する

「くりかえし」「省略」「指し示す」という書き方は、強調効果を持つ

くりかえし書くのを避ける、という際にも、省略の書き方はされます。

省略すると文字は見えないながらも、そこに意味・内容は存在し、強調の効果が生まれます。つまり、見せずに、くりかえしている。


それに対し、**指示語は、今話題の中心としていることを、くりかえし書くのを避けながらも、その話題の中心をしっかり指し示す、という形をとります。**

なにを指し示しているのか、その内容の確認は、読む際に必ずしなければいけません。

指示語を使った書き方は、重要な内容を、書き手が読み手に示す書き方だからです。


まずは、指示語よりも前に記されているキーワードをしっかりおさえましょう。指示語

は、自身よりも前に記されているキーワードを指し示すからです（指し示される内容は、大概の場合、指示語よりも前ですが、後の場合もありますから注意してください）。

この二段落、第一文、第二文のキーワードは、「残業代」であり、「従業員たち」でした。

それぞれ、対象としてのキーワード、主語としてのキーワードとして、記されていました。つまり、第三文の「その（喜び）」が指し示している内容は、「残業代」「従業員たち」を含めた内容になる、ということです。

では、「その喜び」の内容を確認していきましょう。

「その喜び」とは、「従業員たち」の「引き続き十時間働けば残業代が別にもらえた」ことの「喜び」。

あるいは、「引き続き十時間働けば残業代が別にもらえた」ことの「従業員たち」の「喜び」。

多くの人が、このいずれかを考えたことでしょう。いずれも、意味は同じです。しかし、書き方に違いがあります。言葉の置き方が違います。

違いがあるということは、そこから思考しなければいけないということです。違いは、思考の起点になるのです。そこから論理的に、思考を進められるのです。

次の項目で、「その（喜び）」の指し示す内容の、言葉の置き方の違いについて具体的に思考していくことにしましょう。

強調する意図を読み取る

「指し示す言葉」を深掘りすると、ポイントがわかる

言葉の置き方が違うということは、思考が違っているということです。

引き続き、「その」の指し示す内容を確認します。

「その喜び」とは、「従業員たち」の「引き続き十時間働けば残業代が別にもらえた」ことの「喜び」。これをⒶとします。

「引き続き十時間働けば残業代が別にもらえた」ことの「従業員たち」の「喜び」。これをⒷとします。

一般的な記述試験では、Ⓐ、Ⓑ、どちらでも正解です。

しかし、本書は、みなさんに論理的な言葉の扱い方について知ってもらい、磨いてもらうためにあります。一緒に思考していきましょう。

本文からの抜き出しではなく、意味をとらえやすくしてみます。

Ⓐ「従業員たち」の「引き続き十時間働けば残業代が別にもらえた」ことの「喜び」

従業員たちが引き続き十時間働けば残業代を別にもらえたことの喜び ← その喜び

Ⓑ「引き続き十時間働けば残業代が別にもらえた」ことの「従業員たち」の「喜び」。

引き続き十時間働けば残業代が別にもらえた従業員たちの喜び ← その喜び

「その喜び」、「その」と「喜び」は、切っても切り離せない形になっています。「その」という言葉は、「喜び」と一体になっている。

Ⓐ、Ⓑともに、意味は成立しています。意味の深部《しんぶ》を見てみましょう。「その喜び」の「喜び」は感情です。「その」の前に記されているキーワードは、「従業員たち」と「残業代」でした。感情と一体になれるのは、「従業員たち」なのか、「残業代」なのか。

おわかりですね。「従業員たち」です。そう、主体なのです。**感情の主体となるものが、ここの意味をつくるうえで、最も重要な語となります。**「従業員たち」の「喜び」。

Ⓐの書き方も、「喜び」と、「従業員たち」は、一体にはなっています。しかし、Ⓑと比べて、「喜び」と「従業員たち」という言葉が離れています。論理的な思考をするうえでは、Ⓑのほうが適しているのです。Ⓑは、そこからさらに論理的な思考を進めていきやすい形だからです。

二段落の第一文、第二文とも、主体は、「従業員たち」になっています。「歓呼する」「働く」「もらう」の主体は、「従業員たち」です。

従業員たちは歓呼した。引き続き十時間働けば残業代が別にもらえたからだ。

が、その喜びも長くは続かなかったらしい。

＝

（引き続き十時間働けば残業代が別にもらえたことの）

従業員たちの喜びも長くは続かなかったらしい。

傍線の内容が指示語の内容

「その喜び」にしても、この文章を読んでいくうえで、最適な理解、つまり論理的な書き方を読み解くことで理解できるということです。それが、「従業員たちの喜び」です。指し示す言葉は、なにを今、最重要語として記しているかを示す言葉なのです。

「その」という一語からも、書き手の意図が読み取れる

「言葉の置き方」によって、意味の重要度がわかる

引き続き、「従業員たちの喜び」を使って、言葉の置き方について説明します。

Ⓐ
従業員たちの
引き続き十時間働けば**残業代**が別にもらえたことの喜び

Ⓑ
引き続き十時間働けば残業代が別にもらえたことの
従業員たちの喜び

← Ⓒ
従業員たちの喜び

右のⒶ、Ⓑ、Ⓒの大小それぞれの四角の枠は、意味の成立を示しています。Ⓐも、「従業員たち」が「喜び」と一体となり、四角の枠の中におさまってはいますが、最も大きな四角の枠で意味が成立しています。また、Ⓐの小さな四角の枠がつくっている「引き続き十時間働けば残業代が別にもらえたことの喜び」は、「喜び」の原因・理由である「残業代」を最重要にした書き方です。Ⓐ、Ⓑ、どちらの書き方も「その（喜び）」の指し示す内容として、間違いではありません。しかし、意味の一体化は、離れているより、近いほうが強い意味をつくります。意味も明確になります。読み手にも伝わりやすくなります。

今回の場合、「喜び」が基点です。重要度の高いキーワードから、基点の近くに置いていくのです。Ⓒを最終形とするならば、ⒶよりⒷのほうが、主体の言葉の置き方が整っているのがわかりますね。

重要度の高いキーワードは基点の近く

意味の重要度は、「省略」の順序からも読める

省略の順序を知ると、より論理的な思考ができます。やみくもに、いいかげんに、省略していっては、論理的な文章が成り立ちません。論理的な意味の省略には、順序があります。

引き続き、「従業員たちの喜び」を使って説明します。

Ⓐ

従業員たちの 引き続き十時間働けば残業代が別にもらえたことの 喜び

Ⓑ

引き続き十時間働けば残業代が別にもらえたことの従業員たちの喜び

←

Ⓒ

従業員たちの喜び

右の図において、最終形をⒸとします。

そのⒸに至るには、ⒶよりもⒷのほうが、言葉の並びとして、はるかにスムーズです。

このスムーズさが、意味のある流れであり、論理的な意味の流れ、論理的な意味の省略です。

左の図を見てください。

Ⓑは、三つのまとまった意味から成っています。

Ⓑ

引き続き十時間働けば
残業代が別にもらえたことの
従業員たちの喜び

基点は「従業員たちの喜び」です。Ⓑにおいて、まず省略するのであれば「引き続き十時間働けば」です。↓「残業代が別にもらえたことの従業員たちの喜び」。その次に省略するのであれば「残業代が別にもらえたことの」です。↓「従業員たちの喜び」。基点から離れている意味・言葉から省略していくのです。これは、基点から見て、重要度の低い意味・言葉から省略していく、ということです。論理的な言葉の省略は、論理的な言葉の置き方と、まったくもって表裏です。**意味の重要度は、なにを基点と置くかによって決まります。**そして変わります。

重要度の低い言葉から省略していく

「論理構造」は接続語から見える

接続語は、その前後の意味・内容、論理の流れを示します。これは、接続語を記した場合、そのような言葉の置き方をしなければいけない、ということです。接続語の理解が十分でない人間がそれを使って書けば、たちまち文章は破綻してしまいます。

二段落の第三文の文頭の「が」は、逆接の接続語です。この「が」を真ん中にして、言葉の置き方、意味・内容を、次の図で確認してみましょう。

「が」の前の二つの文の意味・内容が、後でもしっかり生きているのがわかりますね。

「が」の後では、前の二つの文の意味・内容がすべて打ち消しとなっています。

従業員たちは歓呼した。

（従業員たちは）引き続き十時間働けば
残業代が別にもらえたからだ。

が、（逆接）

従業員たちの歓呼も長くは続かなかったらしい。（打ち消し）
その喜びも長くは続かなかったらしい。

＝がの前の内容がみんな打ち消されている

不況の色が濃くなると従業員たちは引き続き十時間働くことができ
なくなり、
不況の色が濃くなると

残業は廃止され、残業代が別にもらえなくなったからだ。
残業は廃止された。

接続語の前後の意味・内容はつりあう

接続語によって、「違い」も浮き彫りになる

接続語の前後の意味・内容の確認で大切なことは、なにが同じなのか、なにが違うのかをよく見ることです。

「が」の前後のポイントを確認しておきます。

ポイント

従業員たち（は）歓呼した。＿＿。

が、

逆接

ポイント

その喜び（も）長くは続か（なかっ）たらしい。＿＿。＿＿。

打ち消し

（は）、（も）がキーワードを示している

「歓呼」とは、喜んで声をあげることですから、「が」の前後のポイントは、「従業員たち」の「喜び」である、といえます。

「が」の前では、そのポイントが成り立ち、「が」の後では、そのポイントが打ち消されています。

次に、ポイントに続いている文について確認しましょう。

ポイント
従業員たちは歓呼した。**引き続き十時間働けば残業代が別にもらえたからだ。**
原因・理由

が、

ポイント
その喜びも長くは続かなかったらしい。**不況の色が濃くなると残業は廃止された。**
原因・理由

ポイントに続く文は、ポイントの原因・理由です。

「が」‖の前では、ポイント「従業員たち」の「喜び」（「歓呼」）が、成立する理由。

「が」‖の後では、ポイント「従業員たち」の「喜び」が、打ち消される理由です。

理由の中のキーワードに着目しましょう。

「が」‖の前では、対象の書き方をしている「残業代」です。（「残業代が」＝「残業代を」）

「が」‖の後では、主語の「残業」です。

「が」‖の前の理由のキーワードは「残業代」、「が」‖の後の理由のキーワードは「残業」、
この二つのキーワードを忘れないでおいてください。思考を掘り下げていきます。


「従業員たちは歓呼した」、「歓呼」するのは「従業員たち」です。

「引き続き十時間働けば残業代が別にもらえたからだ」、「もら」うのは「従業員たち」。

「その喜びも長くは続かなかったらしい」、「続かなかった」のは「従業員たち」の「喜び」です。「喜」ぶのは、「従業員たち」。

これら三つの文の主体は「従業員たち」です。

しかし、「不況の色が濃くなると残業は廃止された」は、どうでしょう。ここの主体だ

け、「従業員たち」では、ありません。

「不況の色が濃くなると残業は**（松方幸次郎によって）**廃止された」。

「残業」を「廃止」したのは、「松方幸次郎」です。

これらが意味するところは、なんでしょう？

> **主体――従業員たち**
> **従業員たちは**歓呼した。引き続き十時間働けば**残業代が**別にもらえたからだ。
> **主体――従業員たち**
> **が、**
> **主体――従業員たち**
> その喜びも長くは続かなかったらしい。不況の色が濃くなると**残業は**廃止された。
> **主体――松方幸次郎**

「従業員たち」の「喜び」の原因・理由は、「残業代」なのです。

だから、「残業代」をキーワードとして記している「が」の前の理由の文「引き続き十時間働けば残業代が別にもらえたからだ」には、「もら」う、という動作が記され、その主体として、「従業員たち」というキーワードが、見えずとも生きているのです。

それに対して、「残業」をキーワードとして記している「が」の後の理由の文「不況の色が濃くなると残業は廃止された」では、「従業員たち」が主体にはなりません。

それは、「喜び」の原因である「残業代」がキーワードとして記されていないからなのです。

「残業」がキーワードとして記され、「廃止」する、という述語動詞が記され、その主体は「松方幸次郎」となるのです。

「従業員たち」が求めていたのは、「労働時間」云々《うんぬん》ではなく、金だった、ということです。それに対し、「松方幸次郎」が思考した時間と金は、「会社」の「経営」としてのものだった。「従業員」と「社長」の立場の違いを、書き手は書き方で示しています。

キーワードから主体の思考を読み取る

「受身の言葉」によって、関係性が読める

引き続き、ここの原因・理由の文について思考します。

ここの原因・理由の文は、それぞれ、条件、状況と、その結果という関係で記されています。「が」を挟んで、同じ書き方がされています。

従業員たちは歓呼した。引き続き十時間働けば残業代が別にもらえたからだ。

条件

結果

が、
その喜びも長くは続かなかったらしい。**状況**不況の色が濃くなると残業**結果**は廃止された。

「従業員たち」は、「引き続き十時間働」くという条件を満たせば、「残業代が別にもらえ」るわけですが、「従業員たち」がこの条件を叶えることは可能です。「従業員たち」が、「働」くという動作の主体だからです。「従業員たち」は能動的、自発的に、関わることができます。しかし、「不況の色が濃くなる」状況に、「従業員たち」は無力です。その主体ではないからです。

「従業員たち」は主体として「大規模な労働争議」を起こしました。そうして、「八時間労働制」が「生まれ」、「引き続き十時間働けば別に残業代がもらえ」ました。これら一連の出来事に、「従業員たち」は主体として関わっています。だから、「八時間労働制」は、

「川崎造船所」の「従業員たち」が「生」んだともいえるのです。「松方幸次郎」が「八時間労働制」を「生」みだす原因となっているのは、「従業員たち」が起こした「大規模な労働争議」ですからね。

しかし、「不況の色が濃くなる」状況に、「従業員たち」は自発的、能動的に関われません。「不況の色が濃くなると残業は廃止された」、ここに「従業員たち」が主体となれる文字はありません。

結果、「残業は廃止され」ます。「廃止」するという動作の主体は、「松方幸次郎」です。「廃止され」るのは、「残業」です。ここでの、受身の立場は「残業」です。しかし、「残業」するのは、「従業員たち」です。逆接の「が」を挟んで、「従業員たち」の「喜び」の原因・理由と、それが打ち消される原因・理由が同じ位置にあるのは、このためです。「引き続き十時間働けば残業代が別にもらえたからだ」と「不況の色が濃くなると残業は廃止された」は、表裏なのです。

だから、「不況の色が濃くなると残業は廃止された」は、「**不況の色が濃くなると、（従業員たちは引き続き十時間働けなくなり）残業代は別にもらえなくなった**」と書きかえることが可能です。この書き方なら、「従業員たち」が主体になります。

従業員たちは歓呼した。引き続き十時間働けば残業代が別にもらえたからだ。

が、その喜びも長くは続かなかったらしい。不況の色が濃くなると残業は廃止された。

←

（従業員たちは引き続き十時間働くことができなくなり）残業代は別にもらえなくなった。

不況の色が濃くなると、

しかし、日本経済新聞「春秋」の書き手は、「従業員たち」を主体とする書き方はしなかった。

「松方幸次郎」からの動作を受けるのは「従業員たち」。

そして、「従業員たち」からの動作を受けるのは「松方幸次郎」。

書き手は、この構図をつくっているのです。だから、「不況の色が濃くなると残業は廃止された」と記したのです。「松方幸次郎」が主体となる書き方をしたのです。

構図とは、英語で「composition」、姿形で、配置です。言葉のそれが、意味・内容をつくるのです。**論理の意味の流れは、言葉の置き方であり、その流れで示されるのです。**

また、構図が成り立つには、場所が必要となります。それが、ここでは「川崎造船所」なのです。「経営者」と「従業員」という構図の舞台として、「川崎造船所」はあります。

主体によって、文章の構造も示される

意図的な補足は、論の強化となる

不況の色が濃くなると残業は廃止された。所定労働時間の短縮は時間あたりの仕事の密度が高まることにつながった。松方の打った手は合理化策の面もあったと「兵庫県労働運動史」は解説している。

二段落の最終部で、「兵庫県労働運動史」の「解説」が記されます。日本経済新聞の「春秋」の書き手は、自身の論理を成立させるために、「兵庫県労働運動史」の「解説」をだしています。

書き手は、自身の考え、主張、訴えを成り立たせるために、第三者の声やデータ等を示

し、「論」を進めていくのです。

ここでは、「合理化策の面もあった」の「も」を取り上げましょう。

この「も」は、並列の意であり、別角度からの視点の意でもあります。

論理的思考をするには、多方向からの視点、客観的な目が必要です。これにより、思考が深まります。思考の漏れ、重複を防ぐことができます。

論理的とは、意味の連続性があるということです。意味の連続性とは、その連続性の中で、意味の破綻がないということです。意味の破綻がないとは、漏れがない、重複がないということです。

レトリックの「くりかえし」は強調表現であり、それは無駄な重複とはいいませんから、注意してください。

「も」の一語にも強調が垣間見られる

たとえ表現が似ていても、意味はまったく違う

三段落の、第二文、第三文では、「**従業員**」と記されています。「川崎造船所」の「**従業員**」となるわけですが、注意しましょう。二段落では、「**従業員たち**」でした。たとえ似ていても意味は、まったく違います。

▼**従業員たち**は歓呼した。引き続き十時間働けば残業代が別にもらえたからだ。が、その喜びも長くは続かなかったらしい。不況の色が濃くなると残業は廃止された。所定労働時間の短縮は時間あたりの仕事の密度が高まることにつながった。松方の打った手は合理化策の面もあったと「兵庫県労働運動史」は解説している。

二段落

▼仕事の密度を上げること、つまり能率アップは企業の競争力向上につながり、働き手のためにもなる。ただ従業員は、八時間労働の狙いを包み隠さず語ってほしかったと思ったかもしれない。会社も従業員の信頼を損ねては損失だ。それは今も同じのはず。今春の労使交渉でも、労働時間の短縮は柱のテーマになっている。

三段落

論理的な書き方というのは、なんとなくの書き方をしません。余計な一語が入れば、意味の連続性が壊れ、全体が壊れてしまうからです。

「従業員たち」と「従業員」の違いについて考えてみましょう。

「八時間労働の狙い」は、前文の「仕事の密度を上げること、つまり能率アップは企業の競争力向上につながり、働き手のためにもなる」ということです。

それを、「川崎造船所」の「従業員」は、「包み隠さず語ってほしかったと思ったかもしれない」と、書き手は記しています。なにしろ、「川崎造船所」の「従業員たち」は、「社長の松方幸次郎」が、「それまでの一日十時間労働を賃金は変えずに八時間に改め」ると、「引き続き十時間働けば残業代が別にもらえ」ると、「歓呼した」ので。

「松方」が、「八時間労働の狙いを包み隠さず語って」くれたら、「従業員」の働くスタンスは変わったかもしれない、「従業員」は仕事への取り組み方を変えたかもしれない、と書き手は考えているわけです。そう、これは書き手の考えなのです。

「かもしれない」とは、その可能性はあるが、確かではないという意で、断定や強い主張といったものではありませんが、書き手の考えが前面にでている書き方です。

「従業員たち」と「従業員」という書き方の違いの答えは、これです。

歴史上の出来事の中では「従業員たち」、書き手の考えの中では「従業員」。書き手は、こう書き分けているのです。

小さな違いに気づけると、大きな力になる

控えめにでも、書き手が前面にでてきたら要注意

どのような形であるにせよ、書き手の考えが前面にでている書き方は、ポイントになります。

それこそが読み取るべき他者の言葉です。

▼仕事の密度を上げること、つまり能率アップは企業の競争力向上につながり、働き手のためにもなる。ただ従業員は、八時間労働の狙いを包み隠さず語ってほしかったと思ったかもしれない。会社も従業員の信頼を損ねては損失だ。それは今も同じのはず。今春の労使交渉でも、労働時間の短縮は柱のテーマになっている。

「ただ従業員は、八時間労働の狙いを包み隠さず語ってほしかったと思ったかもしれない」。書き手の登場の書き方である、この文は「ただ」という接続語ではじまっています。この「ただ」は、ただし書き、補足の意です。前の文とセットということです。

つまり、「ただ従業員は、八時間労働の狙いを包み隠さず語ってほしかったと思ったかもしれない」が書き手の登場なら、前文の「仕事の密度を上げること、つまり能率アップは企業の競争力向上につながり、働き手のためにもなる」も書き手の登場と見ることができるということです。

三段落の第一文も、書き手の考えが記されているポイントということです。「仕事の密度を上げること、つまり能率アップは企業の競争力向上につながり、働き手のためにもなる**（と私は考える）**」。こう記されているのです。

そうして、「ただ従業員は、八時間労働の狙いを包み隠さず語ってほしかったと思ったかもしれない。会社も従業員の信頼を損ねては損失だ」と続きます。

書き手の主張は、接続語からもわかる

論理的な文章には、破綻のない「意味の連続性」がある

▼仕事の密度を上げること、つまり能率アップは企業の競争力向上につながり、働き手のためにもなる。ただ従業員は、八時間労働の狙いを包み隠さず語ってほしかったと思ったかもしれない。会社Ⓜ︎も従業員の信頼を損ねては損失だ。それは今Ⓜ︎も同じのはず。今春の労使交渉でも、労働時間の短縮は柱のテーマになっている。

「会社Ⓜ︎も従業員の信頼を損ねては損失だ」。

この文は、直前の「ただ従業員は、八時間労働の狙いを包み隠さず語ってほしかったと

思ったかもしれない」が、「従業員」側から書いたので、今度は「会社」側から書いた形になっています。「会社も」の「も」です。言葉・意味のつりあいがあります。ということは、「会社も従業員の信頼を損ねては損失だ」の文も、書き手の考え、ということです。だから、「従業員たち」ではなく、「従業員」と記されているのです。

あるいは、気づいた人もいるでしょうか。

「それは今も同じのはず」も、書き手の考えの文と見ることができます。

「それは」と指示語で「松方幸次郎」時代の最後の記述を指し示して、「今も同じのはず」とつりあっているでしょう。

論理的な文章は、言葉・意味の連続性に破綻がないのです。

> 仕事の密度を上げること、つまり能率アップは企業の競争力向上につながり、働き手のためにもなる**（と私は考える）**。ただ

従業員は、八時間労働の狙いを包み隠さず語ってほしかったと思ったかもしれない（**と私は考える**）。

会社も従業員の信頼を損ねては損失だ（**と私は考える**）。

それは今も同じのはず（**と私は考える**）。

「松方幸次郎」時代（→ 上の二文）

現代（→ 最後の文）

論理的な文章中には、書き手の考えが集まる箇所があります。具体と抽象、一般化・普遍化の連結部、時空間の転換部などがそうです。具体例とポイント、具体

今回の日本経済新聞「春秋」の場合、それがここなのです。

論理的な文章は、言葉・意味の形、書き方が整っている

「論理的思考力」があると、視点の移動ができる

「松方幸次郎」時代のはじまりと終わりを見てみましょう。これは、論理の形の確認ともいえます。

日本初の八時間労働制は、一九一九年（大正八年）、神戸の川崎造船所という会社で生まれたとされる。

▼

▼

会社も従業員の信頼を損ねては損失だ。それは今も同じのはず。今春の労使交渉でも、労働時間の短縮は柱のテーマになっている。

この「春秋」で、「会社」という語が記されるのは、「松方幸次郎」時代のはじめと終わりの二箇所のみです。

「**会社も従業員の信頼を損ねては損失だ。**それは今も同じのはず」。具体からの一般化・普遍化が、ここにあります。

「日本初の八時間労働制は、一九一九年（大正八年）、神戸の川崎造船所という会社で生まれたとされる」。

冒頭文の、「**神戸の川崎造船所という会社**」、この具体的な書き方は、「会社」というカテゴリーの中の一つという書き方をしているのです。

だから、「松方幸次郎」時代の最終部、「**会社も従業員の信頼を損ねては損失だ**」とつながるのです。

冒頭の文の、「神戸の川崎造船所**という会社**」、この書き方によって、具体からの一般化・普遍化が予測できるのです。

それは、このコラムが論理的な一つの「型」の書き方をしているからです。具体から、一般化・普遍化、抽象化は、論理的な一つの「型」です。

キーワードについても論理的に思考しましょう（破綻のない意味の連続性を、自然に思考できるようになるのが、論理的な思考力を持つということです）。

「社長の松方幸次郎」と「従業員たち」、「神戸の川崎造船所という会社」を舞台にした具体的な構図、これもまた、「今」の時代で、一般化・普遍化されていくことになるでしょう。

論理的な文章は、意味の破綻がないため、言葉・意味の予測、論の予測が可能なのです。

具体からの一般化、普遍化は、論理的な「型」の一つ

「今」を生きる読み手に、書き手はなにを伝えたいのか

ただ従業員は、八時間労働の狙いを包み隠さず語ってほしかったと思ったかもしれない。会社も従業員の信頼を損ねては損失だ。それは今も同じのはず。今春の労使交渉でも、労働時間の短縮は柱のテーマになっている。

「それは今も同じのはず」。時は、「松方幸次郎」の時代から「今」となります。

「会社も従業員の信頼を損ねては損失」なのは、「松方」の時代も「今」の時代「も同じ

のはず」。そして、「今春の労使交渉でも」、「川崎造船所」の「松方」と「従業員たち」の「労働争議」の「八時間労働」（所定労働時間の短縮）のように、「労働時間の短縮は柱のテーマになっている」と続きます。

「争議」とは、互いに自分の意見を主張して争い論ずることで、「交渉」は取り決めのために話し合うことです。「労使」は、労働者と使用者のことです。「使用者」とは、労働者を雇用する人で、雇用主、社長のことです。

ただ従業員は、八時間労働の狙いを包み隠さず語ってほしかったと思ったかもしれない。

→会社も従業員の信頼を損ねては損失だ。

それは今も同じのはず。

今春の労使交渉でも、労働時間の短縮は柱のテーマになっている。

傍線が同じものは
同じ意味・内容

その日の新聞記事は、「今」を生きる人間が読みますから、「今」についての内容がポイントとなり、「松方」時代についての内容はその具体例に位置づけられます。

テーマと具体例から見えてくるものが、書き手の主張

文章をありのままに読めれば、論理的思考は磨かれていく

最終段落の文は、すべて書き手の考えの文となっています。文章全体のポイントの段落といえます。

> ▼長時間労働の是正で浮いた残業代を何に振り向けるかは論議の的のひとつだ。手当の新設などお金で社員に還元するほか、教育訓練費に充てたり健康増進活動に補助したりといった方法もある。いずれにせよ、選んだやり方がどう企業の成長を促すか、働き手によく理解してもらう必要がある。経営者の説明力が問われる。

最終段落を確認すると、ポイント→例→ポイント→ポイント、といった書き方になっています。

長時間労働の是正で浮いた残業代を何に振り向けるかは論議の的のひとつだ（と私は考える）。

手当の新設などお金で社員に還元するほか、教育訓練費に充てたり健康増進活動に補助したりといった方法もある（と私は考える）。

波線の上は具体例

いずれにせよ、選んだやり方がどう企業の成長を促すか、働き手によく理解してもらう必要がある（と私は考える）。

経営者の説明力(が)問われる(と私は考える)。

＝

最終段落の書き手の考えと、「松方」時代のそれとを、次の図で確認しましょう。

日本初の八時間労働制は、一九一九年(大正八年)、神戸の川崎造船所という会社で生まれたとされる。美術品の収集家としても知られる当時の社長の松方幸次郎が、大規模な労働争議を終結させるために、それまでの一日十時間労働を賃金は変えずに八時間に改めた。▼従業員たちは歓呼した。引き続き十時間働けば残業代が別にもらえたからだ。が、その喜びも長くは続かなかったらしい。不況の色が濃くなると残業は廃止された。所定労働時間の短縮は時間あたりの仕事の密度が高まることにつながった。松方の打った手は合理化策の面もあったと「兵庫県労働運動史」は解説している。
▼仕事の密度を上げること、つまり能率アップは企業の競争力向上につながり、働き手のためにもなる。**ただ**従業員は、八時間労働の狙いを包み隠さず語ってほしかったと思ったかもしれない。会社も従業員の信頼を損ねては損失だ。それは今も同じのはず。今春の労使交渉でも、労働時間の短縮は柱のテーマになっている。
▼長時間労働の是正で浮いた残業代を何に振り向けるかは論議の的のひとつだ。手当の新設などお金で社員に還元するほか、教育訓練費に充てたり健康増進活動に補助したりといった方法もある。**いずれにせよ**、選んだやり方がどう企業の成長を促すか、働き手によく理解してもらう必要がある。経営者の説明力が問われる。

「いずれにせよ」は接続語です、「あれこれといいましたが、私の一番いいたいことは」

といった意です。
書き手は、ここから、まとめに入ったわけです。最終の二文は、文章全体のポイントとなります。

予想した通り、一段落、二段落の「川崎造船所」を舞台にした「従業員たち」と「社長の松方幸次郎」という構図は、現代では「企業」を舞台に、「働き手」と「経営者」という構図になっています。
一般化・普遍化されているわけです。

また、三段落の第一文「仕事の密度を上げること、つまり、能率アップは企業の競争力向上につながり、働き手のためにもなる」のただし書きの第二文「ただ従業員は、八時間労働の狙いを包み隠さず語ってほしかったと思ったかもしれない」は、四段落の最終部（文章全体のポイント）「いずれにせよ、選んだやり方がどう企業の成長を促すか、働き手によく理解してもらう必要がある。経営者の説明力が問われる」と通じる内容です。

「ただ従業員は、八時間労働の狙いを包み隠さず語ってほしかったと思ったかもしれない」、ここには「社長の松方幸次郎に」という言葉が省略されています。書き手は記さなかったのです。最終部の「経営者」を強調するために。

〈三段落　第一文、第二文〉

仕事の密度を上げること、つまり能率アップは**企業**の競争力向上につながり、**働き手**のためにもなる。ただ**従業員は、（社長の松方幸次郎に）**八時間労働の狙いを包み隠さず語ってほしかったと思ったかもしれない。

〈四段落《全体》最終二文　文章全体のポイント〉

いずれにせよ、選んだやり方がどう**企業**の成長を促すか、**働き手に**よく理解してもらう必要がある。**経営者**の説明力が問われる。

「ただ従業員は、八時間労働の狙いを包み隠さず語ってほしかったと思ったかもしれない」は、控えめながらも書き手が前面にでた書き方であると前述しました。「かもしれない」という言葉です。文章中、書き手が前面にでているのは、この一文のみです。それゆえ、文章全体のポイントと通じる内容になっているともいえます。

「かもしれない」は、その可能性はあるが確かではないといった意で、いわば弱い書き方です。しかし、この弱い書き方をした「松方」時代の一文があるからこそ、現代のポイント、文章全体のポイントが、より生きています。

とくに、最終の「経営者の説明力が問われる」に、強調の効果が生まれています。**「弱い書き方が、「強さ」を生みだしているのです。**

木も見て森も見ることが論理的な思考

「全体」が読めると、意味の深さが見えてくる

論理的な思考力を持った書き手は、文章全体のポイントのために、すべての言葉を置いていきます。それは、全体を俯瞰することによって、よく理解できます。

俯瞰の一例をあげておきましょう。

文章全体のポイントの主体、「経営者」の文字が記されているのは、最終文のみです。

それに通じる「社長の松方幸次郎」も、「松方」も、現れるのは一度だけ。書き手は意図的に記さなかったのです。

それによって、最終文「経営者の説明力が問われる」を際立たせたのです。

日本初の八時間労働制は、一九一九年（大正八年）、神戸の川崎造

船所という会社で生まれたとされる。美術品の収集家としても知られる当時の社長の松方幸次郎が、大規模な労働争議を終結させるために、それまでの一日十時間労働を賃金は変えずに八時間に改めた。

▼従業員たちは歓呼した。引き続き十時間働けば残業代が別にもらえたからだ。が、その喜びも長くは続かなかったらしい。不況の色が濃くなると残業は廃止された。所定労働時間の短縮は時間あたりの仕事の密度が高まることにつながった。松方の打った手は合理化策の面もあったと「兵庫県労働運動史」は解説している。

▼仕事の密度を上げること、つまり能率アップは企業の競争力向上につながり、働き手のためにもなる。ただ従業員は、八時間労働の狙いを包み隠さず語ってほしかったと思ったかもしれない。会社も従業員の信頼を損ねては損失だ。それは今も同じのはず。今春の労使交渉でも、労働時間の短縮は柱のテーマになっている。

▼長時間労働の是正で浮いた残業代を何に振り向けるかは論議の的のひとつだ。手当の新設などお金で社員に還元するほか、教育訓練

費に充てたり健康増進活動に補助したりといった方法もある。いずれにせよ、選んだやり方がどう企業の成長を促すか、働き手によく理解してもらう必要がある。**経営者の説明力が問われる。**

どうぞ、みなさんも、網かけのポイントをもとに、「いずれにせよ、選んだやり方がどう企業の成長を促すか、働き手によく理解してもらう必要がある。経営者の説明力が問われる」から、全体を俯瞰してみてください。

言葉の置き方、内容が、よく理解できるはずです。

文章全体のポイントは、書き手にとって最も重要なメッセージ

「他者の思考」を理解することで、自らの思考も磨かれる

この章で扱った日本経済新聞の「春秋」の書き手は、自身の考えを、読み手に、強く訴える形をつくりあげることに成功しています。それは、書き方であり、完成した文章の形によってです。

レオナルド・ダ・ヴィンチの言葉に、次のものがあります。

「十分に終わりのことを考えよ。まず最初に終わりを考慮せよ」

終わりは、全体の構想が形となったものです。つまり、終わりを考えられれば、そこからのはじまりを考えられる、そこへ至るまでの内容を考えられる。全体の完成形は、部分の完成から成ります。

完成形の文章において、他者の考え、言葉が、ポイントになるのは、そこに大きな意図があるからです。

文章の理解とは、他者の考えの理解です。

論理的に読むということの基本は、他者の思考の認識と尊重です。

まずは、ありのままによく見ましょう。

一本の木の若葉一枚でも。それが確かな森を見る目にもつながります。その目が、読む力が、自身の思考を磨いていきます。

他者の言葉を受けとめる、他者の存在を認めるという行為は、自身の視野を広げ、思考を柔軟にもしていくことになるでしょう。

どうぞ、本書をくりかえし活用してください。

本書では、一つひとつの文を、細やかに丁寧に読み解いてきましたが、読む、書くというスピードについては心配いりません。

私が教えた人たちは、センスのあるなしにかかわらず、みんな、きわめて速く正確に読めるようになります。書けるようになります。

論理的な言葉の扱いに慣れ、多面的に、全体、部分と、視点がごく自然に移動できるようになるからです。

それは、論理的な思考が磨かれているということです。

論理的な文章を読むとは、よく見ること、よく考えること

第四章

「言葉の扱い方」を吟味すれば、難解な文章も読める

『考えるヒント』（小林秀雄）を読み解く

論理的な思考を磨き続けるには、多くの本を、それも良書を読んでいくべきでしょう。

ここでさらに論理的な思考を磨くべく、「読みにくい」と敬遠する人も少なくない小林秀雄の文章を取り上げます。

『考えるヒント』（文藝春秋）の中の「批評」からです。どうぞ、第二章、第三章の内容を生かして、小林秀雄の文章を読んでみてください。

もし、読みにくいと感じるところがあれば、それは省略があるからです。主語、主体の省略が。指示語が記されていたら、その内容を確認しましょう。指し示す内容は、必ず、重要な内容となります。接続語があれば、前後の意味・内容を、書き方を意識しましょう。

理解は、自身の思考の糧となり、自身の論理的思考力を、言葉を、磨いていきます。

批評的表現は、いよいよ多様になる。文芸批評家が、美的な印象批評をしている時期は、もはや過ぎ去った。日に発達する自然科学なり人文科学なりが供給する学問的諸知識に無関心で、批評活動なぞもうだれにも出来はしない。この多岐にわたった知識は当然生半可な知識であろうし、またこれに文句を附けられる人もあるまい。だが、いずれにしても学問的知識の援用によって、今日の批評的表現が、複雑多様になっているのに間違いないなら、これは、批評精神の強さ、豊かさの証とはなるまい。

批評は、非難でも主張でもないが、また決して学問でも研究でもないだろう。それは、むしろ生活的教養に属するものだ。学問の援用を必要としてはいるが、悪く援用すればたちまち死んでしまう。そのような生きた教養に属するものだ。従って、それは、いつも、人間の現に生きている個性的な印しをつかみ、これとの直接な取引きに関する一種の発言を基盤としている。（二〇三頁）

一段落の第五文に、接続語の「だが、いずれにしても」があるので、第四文までの文章のチェックを、左に図示します。

批評的表現は、いよいよ多様になる。

文芸批評家が、美的な印象批評をしている時期は、もはや過ぎ去った。

日に発達する自然科学なり人文科学なりが供給する学問的諸知識に
無関心で、

は、が、も、に、で、なぞが、キーワードを示しています

批評活動はもうだれにも出来ない。

批評活動なぞもうだれにも出来はしない。

文芸批評家が批評活動するにあたっての、

この多岐にわたった知識は

この多岐にわたった知識は

当然生半可な知識であろうし、

また

接続語のところにポイント

文芸批評家が批評活動するにあたっての、多岐にわたった知識が

生半可な知識であること

これに

文句を附けられる人もあるまい。

「全体」と「部分」の視点を自在に操る

次に、第五文の「だが、いずれにしても」の前後の論理の形を確認します。

批評的表現は、いよいよ多様になる。文芸批評家が、美的な印象批評をしている時期は、もはや過ぎ去った。日に発達する自然科学なり人文科学なりが供給する学問的諸知識に無関心で、批評活動なぞもうだれにも出来はしない。この多岐にわたった知識は当然生半可な知識であろうし、またこれに文句を付けられる人もあるまい。

だが、いずれにしても

□の中はみんな同じ内容

> 学問的知識の援用によって、今日の批評的表現が、複雑多様になっているのに間違いないなら、
> これは、批評精神の強さ、豊かさの証とはなるまい。

「だが、いずれにしても」の前に記している内容をひと言でいうと、「批評的表現は」「学問的知識の援用によって」「複雑多様になっている」ということです。「だが、いずれにしても」の後に、それが記されているからわかります。

しかしながら、第五文に、「だが」がなくても、「いずれにしても」がなくても、書き出しから第四文までの内容が「批評的表現は」「学問的知識の援用によって」「複雑多様になっ」た、ということに違いありません。つまり、接続語は書かなくとも、表現は可能なのです。接続語は省略可能な言葉なのです（逆接の接続語でも省略可能です）。

だからこそ、**接続語が記される箇所は、ここぞという箇所で、そこには強調の効果が生まれるのです。**本当に力のある書き手は、その書き方をするのです（第四文では、「また」が文中で使われています。書き手の考え、ポイントが【指示語も併せて使用しながら】そ

こに集中しています。書き手は、「文芸批評家が批評活動するにあたっての、多岐にわたった知識が、生半可なものである」、「これに文句を附けられる人もあるまい」と考えているのです。二つ前の図で、ポイント【書き手の考え】の集中の書き方、その強調の効果を確認してください)。

書き出しの主語「批評的表現」が、「だが、いずれにしても」の後で「今日の批評的表現」となっているのは、最初の「批評的表現」が、段落末に至るまでに「今日の批評的表現」の意味になった、ということです。その意味を段落内で得た、ということです。「学問的知識の援用によって」「複雑多様になっ」た「今日の批評的表現」です。

批評的表現は、いよいよ多様になる。文芸批評家が、美的な印象批評をしている時期は、もはや過ぎ去った。日に発達する自然科学なり人文科学なりが供給する学問的諸知識に無関心で、批評活動なぞもうだれにも出来はしない。この多岐にわたった知識は当然生半可な知識であろうし、またこれに文句を附けられる人もあるまい。

だが、いずれにしても
学問的知識の援用によって、今日の批評的表現が、複雑多様になっ
ているのに間違いないなら、
これは、批評精神の強さ、豊かさの証とはなるまい。

「学問的知識の援用によって、今日の批評的表現が、複雑多様になっている」「批評精神の強さ、豊かさの証とはなるまい」というのは、書き手の考え、意見です。「だが、いずれにしても」という接続語の後でもあり、ポイントです。ポイントを示せば、必ずその説明（理由説明、具体例説明）をします。それが論理の形です。

次の図を確認してください。二段落で、「批評は」というように、「批評」が主語として記されます。この「批評」は、本来の「批評」です。見ての通り、「今日の批評」ではありません。「今日の」という言葉がありません。

つまり、「学問的知識の援用によって、今日の批評的表現が、複雑多様になっている」

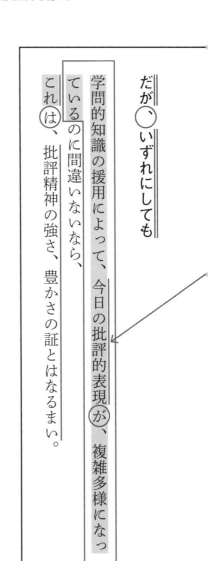

ことが「批評精神の強さ、豊かさの証とはな」らない理由の説明を、本来の「批評」がどういうものであるかを示すことでしているのです。ポイントの理由の説明です。

左の図を確認してください。前後の関係性を見やすくするために、接続語、「なぜなら」を補い、指し示している言葉の内容を確認し、省略されている主語も補いました。

補った「なぜなら」の前後で、結果（ポイント）・理由（説明）の形で、論理の形が整っているでしょう。これは、文章全体からの見方です。

「なぜなら」の後の理由の説明部分は、「従って」を挟んで、理由・結果の形で論理の形が整っています。これは、二段落のみからの見方です。

学問的知識の援用によって、**今日の批評的表現が**、複雑多様になっているのに間違いないなら、これは、批評精神の強さ、豊かさの証とはなるまい。

(なぜなら)


批評は、非難でも主張でもないが、また決して学問でも研究でもないだろう。

それ《批評》は、むしろ生活的教養に属するものだ。

(批評は)学問の援用を必要としてはいるが、悪く援用すればたちまち死んでしまう。

(批評は)そのような生きた教養に属するものだ。

従って、

それ《批評》は、いつも、人間の現に生きている個性的な印しをつかみ、これとの直接な取引きに関する一種の発言を基盤としている。

「ポイント」と「説明」は表裏一体

「学問的知識の援用によって、今日の批評的表現が、複雑多様になっているのに間違いないなら、これは、批評精神の強さ、豊かさの証とはなるまい」。このポイントの理由をまとめてみましょう。


「学問的知識の援用によって、今日の批評的表現が、複雑多様になっている」ことは、「批評精神の強さ、豊かさの証とはなるまい」。

（なぜなら）

「批評は、非難でも主張でも**ない**が、」「決して学問でも研究でも**な**」く、「生活的（＝生きた）教養に属するもの」で、「学問の援用を必要としてはいるが、悪く援用すればたちまち**死んでしまう**」「ような」「生きている個性」に「直接」関わる「発言を基盤とする」ものだから。

打ち消している内容（修飾部）を削除しても、意味は変わりません。

←

「批評は、」「生活的（＝生きた）教養に属するもの」で、「生きている個性」に「直接」関わる「発言を基盤とする」ものだから。

論理的思考の基本の形は、ポイントと、その説明のくりかえしです。そうして、内容を、どんどん深く掘り下げていくのです。

ポ　＝　（説明内容の）ポイント

説明　＝　（ポイントの）説明

ポ　＝　考え　＝　意見　＝　結果　＝　（問・）答え

説明＝具体例＝理由＝原因＝条件＝状況
＝データ

・㋭→説明→㋭→説明→㋭→説明……。

・説明→㋭→説明→㋭→説明→㋭……。

ポイントと説明は、それぞれ関係性があって成り立つので、ポイントだけが存在することはありませんし、説明内容だけが存在することもありません。

ポイントは、その説明内容があってはじめて、ポイントとなります。説明は、そのポイントがあってはじめて、（ポイントの）説明となります。

ポイントとその説明は、表裏一体の関係なのです。

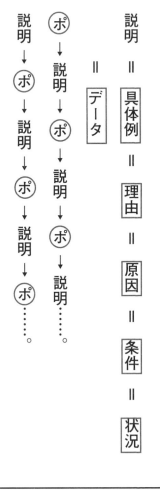

『色彩を持たない多崎つくると、彼の巡礼の年』（村上春樹）を読み解く

小説の中にどっぷり浸かるとは、目の前の文章をありのままに受けとめるということです。それが、内容の理解です。内容の理解が、感動を生みます。

自分勝手な、言葉の補いや、解釈、想像といった主観ばかりで、作品を読めば、作品は壊れてしまいます。作品の理解には至りません。個の経験や過去の人生を作品に重ねるのも、内容を理解できていてこそ、その意義が深まります。主観も、客観も、感動も、自身の心であり、思考によって生まれます。

次にあげるのは、村上春樹さんの『色彩を持たない多崎つくると、彼の巡礼の年』（文藝春秋）からの引用です。

ありのままに、村上春樹さんの書き方を受けとめてみましょう。

書き方の深さがわかると、内容の深さがわかります。書き方が理解できると、内容の論理的な理解ができます。では、この小説を、ありのままに、論理的に読んでみてください。

> つくるは何も言わず、エリの身体をただ強く抱きしめた。
> 二人がそこに立って抱き合っている姿はおそらく、開いた窓から目にできるはずだ。誰かが外を通りかかるかもしれない。エドヴァルトたちが今にも戻ってくるかもしれない。でもそんなことはどうでもいい。誰が何を思おうとかまわない。彼とエリは今ここで心ゆくまで抱き合わなくてはならない。肌を寄せ、悪霊の長い影を振り払わなくてはならない。おそらくそのために自分はこの場所までやってきたのだ。
> （三〇九頁）
> （『色彩を持たない多崎つくると、彼の巡礼の年』村上春樹／文藝春秋）

「絶対強調」が意味するもの

一段落の一文、「何も言わず」「ただ強く抱きしめた」、これは、「つくる」の動作です。

> つくるは何も言わず、エリの身体をただ強く抱きしめた。

「何も言わず」「ただ強く抱きしめた」は、絶対強調（限定強調）です。これらは、動作の集中です。しかし、そこには、意思、心情、心の集中もあります。「言わず」は、打ち消しの意思です。「強く」は、性質、心情、意思です。

動作には、なんの考えもなしの動作、何気ない動作もありますが、ここの「つくる」の動作には、しっかりと心が存在しています（心と肉体は、同一であって、同一ではありません。心は肉体を動かせますし、動かすことができません。肉体は心を動かせますし、動かすことができません）。

絶対表現（限定表現）の意味は、大変強いものです。だから、「言わず」「強く抱きしめた」という動作は、二段落でも生きます。言葉をかえていえば、それだけ、「つくる」の心が強く働いているということです。なにしろ、心が弱ければ、二段落で、「言わず」「強く抱きしめた」という動作、その意味は、消えます。


二段落の第二文、第三文で、「誰かが外を通りかかるかもしれない。エドヴァルトたちが今にも戻ってくるかもしれない」と不安の心がいったんは湧き起こります。しかし、それは、また別の強い心によって、すぐに打ち消されます。「そんなことはどうでもいい」と（「『誰かが外を通りかかるかもしれない』などということはどうでもいい」「『エドヴァルトたちが今にも戻ってくるかもしれない』などということはどうでもいい」）。そうして、「誰が何を思おうとかまわない」と、ふたたび絶対強調となります。

一段落の絶対強調の意味が生きているから、ここでふたたび、絶対強調なのです。つまり、二段落の第一文の「二人がそこに立って抱き合っている姿」（主部）を、絶対的に肯定するのです。

次の図を確認してください。二段落第一文の主部「二人がそこに立って抱き合っている姿」＝一段落「つくるは何も言わず、エリの身体をただ強く抱きしめた」です。二段落第一文の主部、「二人がそこに立って抱き合っている姿」には、絶対的な意味が生きています。それを再度、「誰が何を思おうとかまわない」と絶対的に肯定するのです。

つくるは何も言わず、エリの身体をただ強く抱きしめた。

絶対強調・限定強調

二人がそこに立って抱き合っている姿は

おそらく、開いた窓から目にできるはずだ。

□の内容は絶対強調

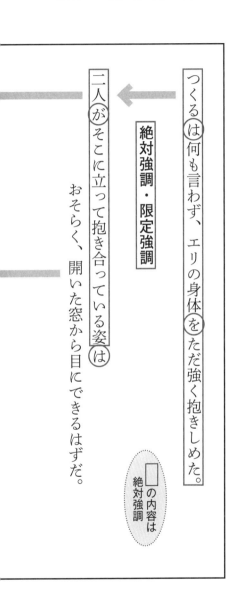

誰かが外を通りかかるかもしれない。
エドヴァルトたちが今にも戻ってくるかもしれない。
でも
そんなことはどうでもいい。

「でも」の前の傍線の内容が「そんなこと」の内容

絶対強調

誰が何を思おうとかまわない。

注意してください。「誰が何を思おうとかまわない」の後も、絶対強調の意味は生き続けます。その意味が打ち消されないからです。絶対強調の意味の根本は、一段落の文、「つくるは何も言わず、エリの身体をただ強く抱きしめた」です。

つまり、この一段落の絶対強調の文、肉体と心の集中があるこの文は、二段落で、ずっと生き続けるのです。だから、「つくる」の文字、その主語は、一段落にしかないのです。

別の角度からいえば、二段落の文の根底にある主体はみな、「つくる」である、ということです。

つくる(**は**)何も言わず、エリの身体をただ強く抱きしめた。

二人がそこに立って抱き合っている姿はおそらく、開いた窓から目にできるはずだ。誰かが外を通りかかるかもしれない。エドヴァルトたちが今にも戻ってくるかもしれない。でもそんなことはどうでもいい。誰が何を思おうとかまわない。彼とエリは今ここで心ゆくまで抱き合わなくてはならない。肌を寄せ、悪霊の長い影を振り払わなくてはならない。おそらくそのために自分はこの場所までやってきたのだ。

「主体の変化」を全体から読み取る

文章を全体から見ていきましょう。

「つくるは何も言わず、エリの身体をただ強く抱きしめた」、一段落のこの一文の主体は「つくる」です。

これは、「つくる」の肉体です。

それに対し、二段落の文は、すべて「つくる」の心です。

二段落のすべての文に、最も根底の主語と述語、「つくるは、~（と）思った」が隠れています。一段落の「つくるは何も言わず、エリの身体をただ強く抱きしめた」の一文で、「つくる」が主語で記されているために、その省略が可能になっているのです。

一段落の一文、「つくるは何も言わず、エリの身体をただ強く抱きしめた」、この主体、肉体の動作中の、心の中が、二段落という書き方になっています。これは文章全体からの見方です。

次の図で確認しましょう。

つくる(は)何も言わず、エリの身体をただ強く抱きしめた。

(つくるは) 二人がそこに立って抱き合っている姿はおそらく、開いた窓から目にできるはずだ (と思った)。

(つくるは) 誰かが外を通りかかるかもしれない (と思った)。

(つくるは) エドヴァルトたちが今にも戻ってくるかもしれない (と思った)。

(つくるは) でもそんなことはどうでもいい (と思った)。

(つくるは) 誰が何を思おうとかまわない (と思った)。

（つくるは）彼とエリは今ここで心ゆくまで抱き合わなくてはならない（と思った）。

（つくるは、彼とエリは）肌を寄せ、悪霊の長い影を振り払わなくてはならない（と思った）。

（つくるは）おそらくそのために自分はこの場所までやってきたのだ（と思った）。


パラレルワールド、現実か夢か、肉体と心の乖離《かいり》といったような内容の作品を、村上春樹さんは数多く書いています。この『色彩を持たない多崎つくると、彼の巡礼の年』も、その要素が含まれています。二段落で、動作の主体を、「二人」「彼とエリ」「自分」とし、「おそらく」という語も使っているため、より俯瞰的、重層的な書き方になっています。

次の図で、それを確認してください。

彼とエリは今ここで心ゆくまで抱き合わなくてはならない。

（彼とエリは）肌を寄せ、悪霊の長い影を振り払わなくてはならない。

おそらくそのために**自分**はこの場所までやってきたのだ。

←

おそらく「彼とエリ」が「今ここで心ゆくまで抱き合」うために、
自分はこの場所までやってきたのだ。

おそらく「彼とエリ」が「肌を寄せ、悪霊の長い影を振り払」うために、
自分はこの場所までやってきたのだ。

さらに次の図の大小の四角の枠は、意味の成立を示し、「**つくる**」「**二人**」「**彼とエリ**」「**自分**」という世界を示しています（図を見ながら、次の説明を読んでください）。

「**二人**」とは、「**彼とエリ**」のことです。「**二人**」と「**彼とエリ**」は、同じ世界にいます。なぜなら、「**二人**がそこに立って抱き合っている姿」は、「**彼とエリ**」が、「今ここで心ゆくまで抱き合」う「姿」となるからです。「肌を寄せ、悪霊の長い影を振り払」う「姿」となるからです。最終的に、その「姿」が、「おそらく、開いた窓から目にできるはず」の「姿」となります。

それぞれ、二度使われている「おそらく」と「かもしれない」という心の言葉の置き方にも注目してください。「誰かが外を通りかかるかもしれない。エドヴァルトたちが今にも戻ってくるかもしれない」は、「そんなことはどうでもいい。誰が何を思おうとかまわない」で消えます。

それに対し、二つの「おそらく」は、心の動きの中で、ポイントと一緒にあります。「おそらく、開いた窓から目にできるはず」の、その「姿」と、「おそらくそのために自分はこの場所までやってきた」、その目的は、ポイントで、同じ意です。「その」「姿」は、誰でも、「おそらく、開いた窓から目にできるはず」です。「長い影」を持った「悪霊」も、「目にできるはず」です。この地の神々や精霊たちも、「目にできるはず」です。

つくるは何も言わず、エリの身体をただ強く抱きしめた。

二人がそこに立って抱き合っている姿は
おそらく、開いた窓から目にできるはずだ。

誰かが外を通りかかるかもしれない。
エドヴァルトたちが今にも戻ってくるかもしれない。

でも

そんなことはどうでもいい。

誰が何を思おうとかまわない。

彼とエリは今ここで心ゆくまで抱き合わなくてはならない。

肌を寄せ、悪霊の長い影を振り払わなくてはならない。

おそらくそのために

自分はこの場所までやってきたのだ。

では、最後に、「**つくる**」の世界を確認します。

「**つくる**は何も言わず、エリの身体をただ強く抱きしめた」の「何も言わず」の動作は最後まで変わりません。しかし、「エリの身体をただ強く抱きしめた」は変化しています。心の変化です。「**つくる**」は、「エリ」を「心ゆくまで抱」こうとします。「肌を寄せ、悪霊の長い影を振り払」おうとします。新たな強い意思が働いています。それは、最初に「何も言わず、エリの身体をただ強く抱きしめた」からです。一段落のこの一文は、絶対強調の文で、全体からとらえれば、肉体の文であるが、そこには、「言わず」「強く」という意思もある、と前述しました。心ない動作ではなかったから、新たな強い心が生まれていったのです。

「**つくる**は何も言わず、エリの身体をただ強く抱きしめた」は、「おそらく、そのために**自分**はこの場所までやってきたのだ」で、意味が、世界が成立します。肉体と心の合致です。

「自分はこの場所までやってきたのだ」の「この場所」とは、「エリの身体」と「心」がある「場所」です。「エリ」が生きている「場所」です。「**つくる**」は、その「エリ」を「強く抱きしめた」ことで、「**自分**」の義務と目的に気づきます。

パラレルワールド、現実か夢か、肉体と心の乖離、いずれの内容にしろ、それは、論理的に言葉を置いていくことで成り立ちます。もし、言葉の置き方が論理的でなければ、その世界は崩壊します。

世界の成立は、意味の成立なのです。

論理的で、奥の深い内容の文章からは、言葉の置き方が学べます。言葉の置き方からは、奥の深い考え方が学べます。それは、自身の論理的な思考の糧となります。

読み、考え、感じることで、自身の思考、心は磨かれていきます。

第五章

読む力で「コミュニケーション力」も磨かれる

論理的思考力は、まずスタンスからつくりあげられる

本書が示してきた、論理的な読み方は、目の前にあるものの認識です。よく見る、ということです。これを阻《はば》むものがあるとすれば、私的な感情、主観です。

第一章で、「論理的な思考ができない人の五つの特徴」をあげました。

- 木を見て森を見ず
- わかったつもりの思いこみ
- 客観性を持たない世界観
- コミュニケーション力がなくて、自己主張ばかり
- 答えだけを求めて、内容を軽視する

みな、私的な感情、主観が入っています。主観も、客観も、論理も、自身の思考そのもので、自身という存在そのものです。客観的で論理的な思考ができるかできないかは、自身のスタンスによるのです。

本書が示してきた、論理的に「読む力」を確認してみましょう。「読む力」は、木も見て、森も見る、自在な視点で、意味の連続性を見るものです。あるがままを、まず正確に受けとめる、というスタンスから成ります。それは、偏見なく、先入観なく、客観的に、観察し、分析するというものです。

そのスタンスは、書き手との対話をしていくスタンスでもあります。充実したコミュニケーションを成り立たせる力でもあります。決して、相手の揚《あ》げ足を取るようなものではありません。

一語一語を大切にとらえてこそ、文章全体の内容の理解は深まります。そうして「読む力」は、論理的な思考をつくりあげていきます。

「読む力」は「コミュニケーション力」につながる

本書の目次の各項目は、主に「読む力」によって論理的な思考力を磨く、という内容で書かれていますが、実はこれらすべての項目は、コミュニケーション力を磨くこととも通じています。

読む力、書く力は、聞く力、話す力にも、コミュニケーション力にもつながるのです。

これから、目次の各項目と、本書で扱った内容を絡め、コミュニケーション力について記します。

なにか、気の利いたことをいいたくても、自分自身の頭で思考することができないと、誰かの受け売りをするしかありません。

自分の考えを、自分の言葉で語ることが大切です。

それには、多くの良書を、論理的に読むことがなによりでしょう。そこには、生きた価値ある言葉があります。

もちろん、受け売りをするために読むのではありません。その価値ある内容を、言葉を理解し、自身の今を考え、自身の言葉をつくっていくために読むのです。その際も、本書の読み方が生きるはずです。

コミュニケーションにおいて、一語への注意力がないと、話の中の言葉の関係性を、見逃し、聞き逃します。自身の考えを正確に伝えることができなくなります。相手の考えを正確に受けとめることができなくなります。

相手がなにを求めているのか、相手の本意を理解することができなければ、あるいは、相手を怒らせてしまうかもしれません。傷つけてしまうかもしれません。

一語への注意力は、大切なのです。それは、ありのままに、文章を、話を受けとめられる力で、客観的で論理的な思考の力です。

話がすばらしい、文章がすばらしい、というのは、重要度の高い言葉から順に置き、主述の意味が成立し、意味が破綻なく、連続しているからです。それは、ポイントと、その説明の内容が明確であるということです。

接続語は、ここぞというところでのみ使うのが、本来の使い方です。その使用法が、強調の効果を生みます。発言するにしても、文章を記すにしても、自身が論理的に考えを展開する際、ポイントを示すところで、適切な接続語を使えば、そのポイントは際立ちます。ポイントの根拠やデータを示すところで、適切な接続語を使えば、説得力が増します。

指示語は、相手との共通の認識が成り立っている場において、まさに、ポイントを直接、指し示す形となり、強力な意を持ちます。

狭小《きょうしょう》な世界観からの、独りよがりな主張は、言葉の力とはなりません。コミュニケーションの力とはなりません。共感を得られないからです。

「コミュニケーション（communication）」の接頭語「com」は、「ともに」という意です。「コミュニケート（communicate）」は、「他人と共有する」が原義です。

コミュニケーションとは、他者とともに、一つの意味を、一つの世界を、つくりあげていくことです。

つまり、コミュニケーションにおいて、自身の伝える言葉には、普遍的な意味・内容がなければならないのです。他者が共感してくれる意味・内容が。

しかしながら、普遍的な意味・内容の言葉だけで、自身の考えを語るのには、無理があります。それだけでは、説得力に欠けるのです。具体的な意味・内容を持った言葉が必要となります。説明です。

この構図、言葉の配置は、ポイントと説明という、まさに本書で示した論理的な文章の形です。

ここで、第三章と第四章で読み解いた文章を振り返ってみましょう。

日本経済新聞の「春秋」の書き手は、「長時間労働の是正で浮いた残業代」の「振り向け」が、「どう企業の成長を促すか」を「働き手によく理解してもらう必要がある」「経営者の説明力が問われる」という自身の考えを訴えるために、「神戸の川崎造船所という会社」の「松方幸次郎」と「従業員たち」という具体的な例をあげて説明しました。

小林秀雄は、「学問的知識の援用によって、今日の批評的表現が、複雑多様になっている」ことは、「批評精神の強さ、豊かさの証とはなるまい」という自身の考えを、「批評は」「生活的教養に属するもの」で、「生きている個性」に「直接」関わる「発言を基盤とする」ものだから、と自身の言葉で説明しました。

小林秀雄は、自身の言葉を持っていました。それは、確かな自身の考えです。よく「小林秀雄の文章は難しい」といわれるのは、確かな彼の言葉が、そこにあるからです。コミュニケーションにしても、文章にしても、身近な例をだすことによって、わかりやすくなる場合はもちろんあります。しかし、それによって、話全体の質を、文章全体の質を落とす恐れもあります。小林秀雄は、それをやらなかったのです。読者におもねらなかった。自身の考えに見合う具体的な説明を、自身の言葉でしたのです。そこにあるのは、磨き抜かれた論理的な思考の力です。

私たちも、自分が訴える考え（ポイント）とぴったり合った具体的な説明の内容を、論理的に思考する必要があるのです。

では、最後に『色彩を持たない多崎つくると、彼の巡礼の年』です。

「多崎つくる」は、「何も言わず、エリの身体をただ強く抱きしめ」「彼とエリは今ここで心ゆくまで抱き合わなくてはならない。肌を寄せ、悪霊の長い影を振り払わなくてはならない。おそらくそのために自分はこの場所までやってきたのだ」と自分の義務と目的に気づきます。

そこには、具体（肉体）からの、抽象（心）があります。一つひとつの動作（具体的な説明）から、「つくる」は、答え（ポイント）を見つけたのです。

文章は、書き手の発言で、訴えです。その裏には、読み手の共感を求める真摯《しんし》な思いがあります。読み手を納得させたいという強い意思があります。

文章は、書き手のコミュニケーション力の表れなのです。また、その文章の内容を読み取る力、書き手の考えを理解する力も、コミュニケーション力といえるでしょう。

「読む力」「書く力」は、コミュニケーション力なのです。

おわりに

地球は銀河系という秩序あるコスモスの中に位置する小さな星です。しかし、その地球には、七〇億以上の人がいて、その一人の体内には、数十兆の細胞が秩序あるコスモスをつくっています。世界に包まれた世界は、また世界を包みます。

文章が言葉から成り、その言葉がまた意味から成っているのも同じです。

マクロ、ミクロの世界は、視点の置き方で多様な姿を見せる思考の世界であり、現実の世界です。

マクロ、ミクロに、意味から意味の論理的な思考を私たちができるのは、枠のない連続した世界に生きているからです。その脳を、私たちが持っているからです。

意味から意味の連続性を、見つけだすのも、つくりだすのも、自身の思考の力です。

自身と他者の流れる時間は、同じように感じられても、実際に生きている個の時間の速度、世界の成り立ちは違います。他者が過去をどのように生き、今をどのように生きているのか、それを慮るのも思考なのです。

あなたの思考する力は、自身の大きな力になるだけでなく、身近な人の力にも、一生出会うことのない人の力にも、きっとなると思います。

最後に、本書を上梓《じょうし》するにあたって、日本実業出版社の川上聡さんに、大変なお骨折りをいただき、完成へと導いていただきました。また、デザイナーの杉山健太郎さんに本文デザインと装丁をしていただき、ダーツの田形初恵さんにＤＴＰ作業をしていただき、すばらしく仕上げていただきました。みなさまに心よりお礼を申し上げます。

対崎正宏（ついざき　まさひろ）

両国予備校や四谷大塚、私塾等で、長年、国語・現代文、古文、漢文、小論文を指導し、実績をあげる。論理的思考に基づく「ついざき式」読解法は、読解センスの有無に関わらず、誰でも、短期間で、驚異的な力を得られると好評を博す。生徒からの満足度アンケートでは、毎回98％以上の支持を得る。四谷大塚では、特別コースや父母教室も担当し、特別コースの受験生の目標校合格率は95％以上。また、試験問題の作成や分析、医学部進学指導にも定評がある。現在は、都内予備校や私塾等で、論理的思考力を身につけるための「読む力」「書く力」「考える力」を中心に指導している。著書に、『現代文〈評論〉の読み方』『現代文〈小説〉の読み方』（いずれも開拓社）、『ついざき式　本当の読解力を身につける50の方法』（KADOKAWA）などがある。

論理的思考力《ろんりてきしこうりょく》が飛躍的《ひやくてき》に高《たか》まる
大人《おとな》の「読《よ》む力《ちから》」

2018年12月10日　初版発行

著　者　対崎正宏

発行者　吉田啓二

発行所　株式会社日本実業出版社　東京都新宿区市谷本村町3-29　〒162-0845
大阪市北区西天満6-8-1　〒530-0047
編集部　☎03-3268-5651
営業部　☎03-3268-5161　振　替　00170-1-25349
https://www.njg.co.jp/

印刷／壮光舎　製本／若林製本

この本の内容についてのお問合せは、書面かFAX（03-3268-0832）にてお願い致します。
落丁・乱丁本は、送料小社負担にて、お取り替え致します。

ISBN 978-4-534-05643-6　Printed in JAPAN